英語で夢を見る楽しみ

浦出善文

財界研究所

もくじ

第1章　生活・日常

Affordable　手頃な価格の……12
OK, I'll try it.　じゃ、それにします……14
Not what it seems　見かけによらぬもの……16
One-size-fits-all　画一的な……18
User experience　使い心地……20
Thermos／vacuum flask　魔法瓶……22
Good luck!　頑張ってね……24
Ribbon-cutting　テープカット……26
Plastic bottle　ペットボトル……28
Companion animal　コンパニオンアニマル……30

Laughter　笑い声 …… 32
Crystal-clear color　透き通るように鮮やかな色 …… 34
Census　国勢調査 …… 36
A must have　必需品 …… 38
Power strip　テーブルタップ …… 40
Martial arts　武道 …… 42
When to call　電話すべきとき …… 44
At a glance　一目でわかる …… 47
Curriculum vitae　履歴書 …… 49
Keep me informed　逐一知らせよ …… 51
Share information　情報を共有する …… 53
Show respect　敬意を示す …… 55
You came through　よくやってくれた …… 57
A letter of thanks　礼状 …… 59
No response required　返信不要 …… 61
What do you call it ?　何と呼ぶ …… 64

第2章　社会・時事

Brinkmanship　瀬戸際外交……68
Foolproof　フールプルーフ……70
Armchair theory　机上の空論……72
School meals　学校給食……74
National anthem　国歌……76
Exit strategy　出口戦略……78
The Upper House　参議院……79
Food miles　フードマイレージ……81
Imagine　想像してみよう……83
Green　環境に優しい……85
Green wall　緑の壁／カーテン……87
Be prepared　そなえよつねに……89
Ethics　倫理……91

Water landing　着水……93
Nepotism　身内びいき、縁故主義……95
Civilized　民度が高い……97
Breaking news　ニュース速報……98
Anticlimax　期待外れの結果……100
Philanthropy　慈善活動……102
Asteroid Explorer　小惑星探査機……104
Favorability　好感度……106
Empty shelves　空の棚……108
Opportunity to thank　感謝の機会……110
Overreaction　過剰反応……112
Aftermath　余波……114
Poll　世論調査……116
Local mascot　ご当地キャラ……118
Differentiation　差別化……120
I'm honored　光栄に思う……122

Anti-Japanese sentiment　反日感情……124
Aversion　嫌悪感……126
Expected role　期待される役割……128

第3章　ネットとデジタル化

Anonymous Coward　名無しさん……132
Word of mouth　口コミ……134
Review site　口コミサイト……136
Intuitive　直感的に使える……138
Brick-and-mortar store　実在店舗……140
Upgrade　アップグレード……142
Social media　ソーシャルメディア……144
Sophisticated design　洗練されたデザイン……146
Wireless lite　ワイヤレスな生活……148
Futile campaign　無駄な選挙運動……151

第4章　ことば

第５章　先達の思い出

第1章

生活・日常

Affordable　手頃な価格の

実務文書を訳していると、かつて学校で習った英単語があまり使われていないのに気づくことがある。

cheapもそのひとつだ。「安い」という意味で習ったごく基本的な形容詞だが、私が訳すような企業の発表文で見かけることはほとんどない。験しに、私のパソコンに入っている過去数年分の膨大な翻訳原稿でこの単語を検索してみたが、案の定、ほんの数例しか見当たらなかった。

cheapは良い意味で「安い」という意味になることもあるが、どちらかというと「安っぽい、安物の」という否定的な意味で使われることが多い。だから、企業が作って売るものを自らcheapだとはいわない。

expensive（高価な）の反意語であるinexpensive（安価な）、または他との比較においてless expensive（より安価な）を使っている例はあるものの、これらの言葉もあまり好まれていないようだ。

その代わりに多用されているのが、affordable（入手しやすい手頃な価格の）とか

reasonable（妥当な価格の、値頃感のある）という形容詞だ。後者は「リーズナブルな」というカタカナ語になって日本語でも使われている。これらの語は、品質や効用が高い割には値段が手頃（妥当）という良い意味で使われ、cheapのように悪い意味合い（bad connotation）はない。愛用の『ビジネス技術実用英語大辞典』（海野文男・海野和子共編）を引くと、at an affordable price（お求めやすい価格で）、at a reasonable price（納得のいく価格で）など多くの用例が出ている。

cost-effective（費用対効果に優れた、経済的な）という形容詞もよく使う。もともとは経済学用語なのだろうが、今では製品やサービスの売り文句で頻繁に使われている。ただ、あまりにもよく見かけるせいか、この言葉はどことなく陳腐化した（hackneyed）感がある。

前述の辞典でcheapを引いてみたら、Cheap things are not good, good things are not cheap.（安物は良くない、良いものは安くはない＝安物買いの銭失い）という警句が出てきた。インターネットで検索してみたところ、もともとは中国の諺だったようだ。

安く買えるのはけっして悪いことではないが、安物には十分に気をつけたほうがいいという戒めは、今も昔も変わらない。

OK, I'll try it.　じゃ、それにします

英会話がひととおりできるつもりでいても、外国に行くたびに難しいと思うのは食事の注文だ。私は英語をネタにして生活しているくせに、海外にはめったに出ないので、これがなかなか上達しない。

典型的な英会話のテキストを見ると、よくビーフステーキを注文する会話が出ている。"How would you like your stake?"（ステーキの焼き具合はどうしますか）とウェーターに聞かれて、"Medium, please."（ミディアムでお願いします）と答える、おなじみの場面だ。これくらいなら私にもできる。

しかし、現実にはステーキばかり食べていられない。メニューをもらって見ても、日本とは違って料理の写真など載っていない。料理の名前だけ見てもよくわからないから、"What is it?"（これは何ですか？）などと聞くことになる。

問題はその後だ。何やら英語で説明されても、食材や料理法に関する知識に乏しい私にはよくわからないことがある。面倒なときはわかったふりをして、"I'll try it."（それにします）などと言ってしまう。それでも、好き嫌いがないから別に困らない。

家内も、よせばいいのに"What do you recommend?"（オススメは何？）などと聞いてしまう。あれこれ説明されてわからなくなると私に助けを求めてくる。こっちに聞かれても困る。

あちらのレストランはチョイスが多い。ビールひとつ頼んでも、"What kind of beer would you like?"（ビールは何にしますか？）などといちいち聞いてくる。そこで"What do you have?"（何があるの？）などと聞き返したりすると、よく聞き取れないビールの名前をいくつも出してくる。「しまった、聞かなきゃよかった」といつも思う。

このような場合は、相手にYesかNoで答えさせたほうが早い。有名ブランドのビールなどは日本でも飲めるから、"Do you have any local beer?"（地元のビールある？）などと聞いてみる。あったらやはり"OK, I'll try it."（じゃ、それにしてみます）のひとことで頼んでしまう。

かくしてようやく酒と食事にありつける。慣れない英語でよく知らない料理を注文するのはひと仕事だ。もっとも、ひと仕事が終わったあとのビールがまたうまいんだな、これが。

Not what it seems　見かけによらぬもの

日本国内で英語から日本語への翻訳の仕事をしていると、あちらの文化的背景がわからなくて戸惑うことがある。特に、何の脈絡もなく並んでいる断片的な言葉を訳すのは苦労する。

私がこの仕事を始めた当時、手がかりとなる情報を入手する術は、書籍や新聞・雑誌以外にはほとんどなかった。ところが、特にこの数年、インターネットのおかげで、思わぬところまで調べがつくようになった。Googleによるウェブ検索やイメージ検索のほか、最近では動画投稿サイトYouTube（ユーチューブ）で動く映像を見て、初めてわかることもある。

過日翻訳を頼まれた原稿には、米国でテレビ放送されたＣＭのタイトルと企業名がずらっと並んでいた。日本に住んでいる私はもちろん、あちらのＣＭなど見たことがない。以前ならタイトルを見たまま直訳していたところだが、念のためＣＭの映像を検索してみた。すると、いくつかは危うく誤訳するところだったことがわかった。

たとえば、"King Crab"と題されたビールのＣＭ。辞書でking crabを調べたら「タラバガニ」と出ていた。ところが、このＣＭを実際に見ると、登場するのはシオマネキのような小型のカニ。最後まで見て、ようやくそのタイトルの意味がわかった。２本のビールびんがカニの両目のような形に突き刺さった赤いクーラーボックスの前で、無数のシオマネキたちがはさみを上下させながらひれ伏している。タラバガニではなく、文字通り「カニの王様」というわけだ。

"Not What It Seems"という題の大手宅配便業者のＣＭのタイトルも間違えるところだった。辞書に出ていた「見かけ倒し」という訳に釣られそうになったが、実は、その宅配便サービスの名前が与えるイメージよりも迅速に配達できることを強調した内容のＣＭだった。そのタイトルも当然、「見かけ倒し」ではなく「見かけによらぬもの」と訳すべきだ。

YouTubeでは、投稿された映像を見た人が自由にコメントをつけられるようになっている。いくつか読んでみると、そのＣＭのどこがどうおかしいかわからない、という誰かの質問に対して、誰かが教えていたりする。映像を介した面白い情報交換手段だ。

そのように便利になったのはいいが、面白がってあれこれ見ていると、仕事がさっぱり進まない。

One-size-fits-all　画一的な

物を書いたり翻訳したりして生活している私は自由業の範疇《はんちゅう》に入るのだろうが、人から面と向かって「フリーの方に…」などと言われると、いささかムッとする。もちろん口に出しては言わないが、「人からそう言われるほど暇人でもないんですけどね」と、内心おだやかではない。

英語のfreeはいろいろな意味で使われるが、そのひとつに「自由な、暇な」がある。しかし、これは職業としての自由業を指す言葉ではない。それを英語でいうならfreelance（フリーランス）が正しい。最近気づいたのだが、どうやら一部の日本人には、「フリー」という英語由来の言葉を安易に使い過ぎる傾向があるようだ。誤用も多い。

その誤用の代表的な例に「フリーサイズ」がある。ところが、英語ではfree sizeといわないとは知りながらも、念のためGoogleに入れて検索してみたら、非英語圏のウェブサイトを中心にfree size（またはfreesize）がその意味で使われている例が山ほど出てきた。誤った英語が蔓延したひとつの例かもしれない。

教養のある人なら、日本語の「フリーサイズ」を意味する正しい英語にはone-size-fitsallを使いたい。この言葉、「誰にでも合う」というのだからつねに良い意味と思われるかもしれないが、比喩的に使う場合は「画一的な」という悪い意味で用いられることが多い。たとえば"The one-size-fits-all approach does not work."（画一的なアプローチは機能しない）というように、否定的な文脈で使われているのをよく見かける。

ところで、この国では小学校の高学年の授業で週1時間ほど英語を教えることが決まったそうだ。しかし、不慣れな小学校の教師が片手間に英語を教えるような画一的な制度を導入したところで、手間がかかる割には、そうたいした教育効果は期待できまい。それよりも、英語を勉強したい子供にはいくらでも勉強できる機会や選択肢を提供する仕組みを充実させたほうがずっといい。

この国のような先進国では、教育内容をやたらと統制するような体制は、もう終わりにすべきではないか。今日の世界では、時代の最先端を行く分野や組織ほど、画一性（uniformity）よりも多様性（diversity）を重んじる傾向がある。次の時代を担う世代の多様性を育んでこそ、自由社会（free society）ならではの強みを発揮できるような気がしてならない。

User experience　使い心地

学生時代に初めて覚えた語義に囚われるあまり、そのまま日本語に置き換えると、文脈によってはしっくりいかない言葉がある。experienceもそのひとつだ。反射的に「経験」「体験」と訳してしまいがちだし、多くの場合はそれで事足りる。

ＩＴや電化製品関連の文書を訳していると、たまにuser experienceという言葉に遭遇する。業界の人たちはこれを「ユーザー体験」と訳すか、または「ユーザーエクスペリエンス」などとカタカナ書きして涼しい顔をしている。しかし、この種の言葉は一種の業界用語（jargon）で、読み手によっては、その意味が理解できない。

そこで、いつもは使わない大きな辞書や英英辞典で、experienceの語義を改めて調べ直してみた。すると、「経験、体験」のほかに、「感覚、感じること」という意味も出ていることがわかった。

つまり、user experienceは、製品などを「使った（個人的な）体験」ではなく、「使った人が受ける感じ」という意味に解したほうが、文脈によってはしっくりいく。もちろん、「ユーザー体験」という訳語が業界ですでに広く使われている以上、一介の翻訳者に過ぎない私ごときが、安易にそれを否定することはできない。しかし、一般の人が読むことを前提とした文書には、私なら「使い心地」とか「使用感」という日本語を充てたい。

私が電機メーカーに勤めていた1980年代後半、競争が厳しい家電製品に付加価値をつけるために、（ほとんど使われることがなかったと思われる）機能をやたらとつけた時期があった。伝え聞いた話では、ボタンが無数にあって操作の仕方がよくわからない自社製品のリモコンに業を煮やした会社のトップが一喝を入れたところ、その後、あまり使わない機能やボタンを外し、または隠すように方針を改めたという。

ところが最近、デジタル化とやらが進んだせいか、家電製品、特に映像機器のリモコンを見ると、そのボタンの多いこと、多いこと。時代遅れのアナログ派の私にはついていけない。

私自身の使い心地でいわせてもらえば、電源のオン・オフとチャンネルの切り替えと音量の調節しかついていない昔ながらのテレビのリモコンのほうが、ずっと使いやすいように思えてならない。

機械の設計にしても関連用語にしても、私のようなユーザーのことも考えてもらえるとうれしいのだが。

Thermos／vacuum flask　魔法瓶

２０１１年の東日本大震災以来、私の家では節電のため電気ポットを使わなくなった。ガスコンロで湯を沸かしては魔法瓶に入れておく昔ながらのやり方に戻した。

今ではお蔵入りした電気ポットに代わって、長い眠りについていた家中のありとあらゆる魔法瓶がフル稼働している。水筒がふたつとポットがひとつ。いちばん小さな水筒には、家内が毎朝、烏龍茶を入れてくれるので、それを2階の仕事部屋に持って上がる。少しずつ湯呑に入れて飲んでいるが、濃さも温かさもつねにほどよく、あんばいがいい。遠足に出かけた小学生の頃に戻ったような気がして、身も心も温かくなる。

この水筒の表面には英語で小さくvacuum flask（魔法瓶）と書いてあるが、某社製の国産品である。魔法瓶という名前の由来を調べてみたところ、大正時代にこの国で初めて魔法瓶を製造販売した会社が当時すでに使っていた商標なのだとか。商標登録していなかったのか、それが一般的な名称になって普及したようだ。

一方、１階の茶の間で使っているポットにはThermos（サーモス）と書いてある。これは製造元のブランドだが、英語圏ではthermosがvacuum flaskの同義語（synonym）として広く使われている。インターネットで検索してみたら、vacuum flaskよりもthermosのほうが多くヒットする。

さらに調べてみると、Thermosはもともとドイツの会社で、日本語でも昔は「サーモス」ではなく「テルモス」と発音していたようだ。私は知らなかったが、登山愛好者の間では今でもテルモスと呼ぶことがある、とのご教示をツイッターでいただいた。

この形態の保温容器は、19世紀末にスコットランドのDewarという人が発明したことからデュアー（デュワー／ジュワー）瓶（Dewar flask／Dewar vessel）ともいうが、日本語、英語のどちらも日用品の呼称にはあまり使われていないようだ。

最近の若い人は魔法瓶という言葉を使うのか。ふとそう思ってツイッターで問いかけてみたら、知っているがほとんど使わない、という回答が寄せられた。考えてみたら、私も魔法瓶とは言わない。その形状によって、ポットとか水筒と呼んでいる。個人用の小さな魔法瓶を、最近はマグとかマグボトルと言うらしい。魔法瓶という呼び方には、どこか神秘的な雰囲気が漂っていて、私は好きなのだけど。

ところで、電気ポットを廃止して魔法瓶を使うようになった私の家では、他の節電対策も奏功して、電気料金が1ヵ月に数千円も減った。これぞ魔法の成せる業ではないか。

Good luck!　頑張ってね

「頑張ってね」という日本語は、人を激励するために使う便利な言葉だが、ひとつ困ったことがある。この言葉は、同輩または目下の者に対して使うものとされている。むやみに使うと、最近の言葉でいう「上から目線」（人を見下した態度）と受け取られかねない。

2008年夏の五輪大会で、時の首相が日本選手団に対して「せいぜい頑張ってください」と挨拶して少々顰蹙《ひんしゅく》を買ったそうだ。察するに、「諸君のご健闘をお祈りします」では堅苦しいので、少しくだけた調子で「(そんなに緊張しないで)精一杯やってください」と仰りたかったのだろう。言葉の選び方を間違ったとはいえ、それほど悪く受け取るのは気の毒な気もした。

「頑張って」を英語でどう言うのかと尋ねる人は多い。英語圏で生活したことがない私は実感としてわからなかったが、数年前に英会話の参考書*を翻訳していてようやく合点がいった。英語の場合は、状況によって表現を使い分ける必要がある。

すでに順調に仕事をしている人に対して「その調子で頑張れ」という気持ちを表すには"Keep it up."、競技中または困難な状況にある人に対して「踏み留まれ」という意味でいうなら"Hang in there!"や"Keep in there!"などの表現がある。「元気を出して」という意味なら"Cheer up!"あたりが適当だろう。

いっぽう、すでに頑張っている人に対して執拗に「もっと頑張れ」と言うのは良くない、という考え方もあるようだ。特に、ある種の心の病を患っている人に対して「頑張れ」は禁句だという話を聞いたこともある。そういう場合は逆に"Take it easy."（無理しないで、気楽に行こう）と言ったほうがいいらしい。

英語には"Good luck!"（ご幸運を）という便利な言葉もある。別れ際の挨拶にも使われる。日本語では「ご幸運を」とはあまり言わないせいか、これを「頑張ってね」と訳している例もよく見かける。

日本語の「頑張ってね」に代わる言葉は、私にはちょっと見当たらない。「上から目線」などと目くじらを立てずに、親しみを込めた激励の言葉として上手に使っていきたい。

*『バーダマン教授の辞書には出ていないアメリカ英語フレーズBOOK』(James M. Vardaman著／浦出善文訳、明日香出版社)

Ribbon-cutting　テープカット

いわゆる和製英語の濫用についてとやかく言うのは私の趣味ではないが、職業柄また少し気になった言葉があったので、ここに書いておくことにした。

建造物の竣工式や開所式などで行われる「テープカットセレモニー」がそれだ。英語ではふつうribbon-cutting ceremonyという。あの儀式でハサミを入れる紐は、日本語では「テープ」でも、英語ではribbon（リボン）という。「テープカット」は、ものの本では以前からよく指摘されてきた典型的な和製英語だが、改めて手元の辞書を引くと、そのように注記していないものが何冊かあった。和製英語だと知らない人がいるのは、そのせいもあるのだろう。

それでも、もしかしたら諸外国の中にはあれをtape-cutting ceremonyと呼んでいる国があるかもしれない。そう思った私は、例によってインターネットで検索してみた。しかし、やはりribbon-cutting ceremonyが圧倒的多数派だった。験しにGoogleのイメージ（画像）検索にtape-cutting ceremonyと入れてみたら、出てきた何枚かの写真に満面の笑顔で写っていた人々はみな東洋人。それらの写真の掲載元を見ると、ほとんどが日本と韓国のウェブサイトだ。この意味でtape-cutting～という「英語」を使っているのはこの両国だけらしい。

もっとも、英語ではribbon-cuttingが正しくても、それを日本語に訳すときに「リボンカッティング」とは書きにくい。日本語としてはどうしても不自然に見えるからだ。かくして私も、忸怩《じくじ》たる思いで「テープカット」という言葉を使っている。このような例は枚挙に暇がない。たとえば、選挙キャンペーンや販促用に配る缶バッジ。英語ではcan badgeともいうが、button badge（ボタンバッジ）、または単にbuttonともいう。一方、日本語ではそれを「ボタンバッジ」ということはあっても、「ボタン」とはけっしていわない。

もちろん、たとえ同じ言語を話している人々の間でも、各人が使っている言葉の定義に多少の違いはどうしても生じる。翻訳者のはしくれとしては、自分が知っているのとは違う言葉を、ことごとく誤用だと決めつけて排斥する気にもなれない。

Plastic bottle　ペットボトル

私たちが通常「ビニール袋」と呼んでいるものを、アメリカ人はなぜかplastic bagと呼ぶ。vinyl bagという英語もあるにはあるが、少なくとも日常会話ではあまり使わないようだ。

アメリカのスーパーで買い物をすると、レジの店員に"Paper or plastic?"と聞かれることがある。紙の袋がいいか、それともポリエチレン製の袋（いわゆるレジ袋）がいいかという意味だ。

この表現をGoogleに入れて検索してみたら、「初めてこう聞かれたときに、意味がわからなかった」と述懐しているホームページがたくさん出てきたので笑った。何を隠そう、私自身も最初は何を言われているのかわからなかったひとりだ。

本の原稿をチェックしていたら、「ペットボトル」というカタカナ語が気にかかった。「ペット」（ＰＥＴ）は、長ったらしい材質の名称（ポリエチレンテレフタレート、polyethylene terephthalate）を省略して作った言葉だ。もちろん、れっきとした英語だ。

さてそれでは、このPET bottleなる英語がそのままアメリカ人に通用するだろうか。彼らのことだから、おそらくplastic bottleと呼んでいるに違いない。そう推測しながら、いつも英文のチェックを頼んでいる国内在住の米国人に確認してみたところ、はたしてその通りだった。彼いわく、「自分の辞書にもPET bottleと出ているが、そんな言葉は聞いたことがない。」

生活雑貨の材質を何と呼ぼうとその国の勝手だが、何でもかんでもplasticと呼んでいたら、リサイクルしようにも区別がつかないのではないかとつい余計な心配までしてしまう。

ちなみに私が住んでいる地域では、半透明のレジ袋は「燃やしても有害ガスを発生しない」と書いてあるのでゴミ袋として活用しているが、ペットボトルのほうはスーパーなどに設置されている専用の回収箱に捨てるか、容器包装プラスチックごみとは別の所定の資源ごみ回収日に出さないといけない。

数々の梱包材の中にはリサイクルマークがついているものもあるが、素人がそれを見たところでいまひとつ区別がつかない。名称にしてもマークにしても、もう少しわかりやすいものにしてくれたらいいのに…。

Companion animal　コンパニオンアニマル

最近は、犬や猫のようなペット（pet, 愛玩動物）をコンパニオンアニマル（companion animal、伴侶動物）と呼ぶことがあるようだ。どちらでもそう大差ないような気もするが、世間には、そういうことが気になる人もいるのだろう。

動物との関係をもっと気にする愛護家の中には、この種の動物をfurkidという新語で呼ぶ人もいるらしい。毛（fur）がふわふわした子供（kid）のような存在という意味だろうか。

私がむしろ気になるのは、犬や猫と人間社会の共生のあり方だ。

むかし私が育ったような田舎では、犬猫が増えて問題になるようなことは、あまりなかったように思う。しかし、東京のように密集した都市部では、近所で飼っている犬の臭いがひどいとか、野良猫に庭を汚されるといった苦情が多いらしい。

犬や猫はもともと家畜なのだから、その増え過ぎが問題になっているとしたら、それは彼ら動物の罪ではなく、人間側に起因する問題だ。

動物愛護法の改正以降、この国の行政の姿勢も「捕獲」から「保護」へと変わった。私の住む新宿区の保健所は、非営利団体（ＮＰＯ）と協力して地域猫活動の普及啓蒙に尽力している。

地域猫活動とは、飼い主のいない猫がやたらと繁殖しないように管理しながら、街に棲むこれらの猫を、野良猫ではなく「地域猫」と呼んで、住民が給餌や掃除を協力し合う取り組みだ。手術費用やエサ代の負担などの問題はあるが、その成果は各地で着実に上がっているようだ。

気ままに暮らしている野良猫をつかまえて去勢・不妊手術を受けさせるわけだから、猫が好きな人ほど、少しかわいそうだと思うかもしれない。猫のほうも、とんだ災難だろう。しかし、狭い都市空間で増えすぎた猫の多くは、そのまま放置しては生きながらえることができない。愛玩動物を擬人化（personify）してかわいがる人には異論もあろうが、地域猫活動は、都市問題解決のための現実的な選択肢のひとつには違いない。

不幸な動物をこれ以上増やすことなく、街の景観と調和を守るためにも、特に地域社会やペット関連業界の皆様には、地域猫活動へのご支援、ご協力をお願いしたい。

Laughter　笑い声

私も年のせいで少し気難しくなったのだろうか。たまたまついているテレビのバラエティ番組から耳障りな笑い声が聞こえてくると、チャンネルを変えるか、音量を下げるか、席を立ってしまうようになった。

あの類のテレビ番組を作っている人たちは、出演者やスタッフが意味もなく笑えば、視聴者も喜ぶと思っているのだろうか。余人はいざ知らず、私には何がおかしいのかさっぱりわからない。従来、この種のテレビ番組は民放に多かったが、最近はＮＨＫの一部の情報番組までがこのような演出を真似ているのは、甚だ遺憾だ。そうは思っても、見たくなければ見なければいいのだから、わざわざテレビ局に意見を言う気にもならない。

テレビ番組に意図的に笑い声を入れる手法は昔からある。私が子供の頃に見ていた１９６０年代くらいの米国製のコメディ番組には、ラフトラック（laugh trackまたはcanned laughter）と呼ばれる人工的な笑い声が頻繁に挿入されていた。しかし、あれは一種の効果音（sound effect）だとわかっていたし、それほど耳障りに思ったことはない。

テレビに登場する芸人やスタッフの、特に内輪受けの笑いは、第三者には不快に感じられる。若い人の話についていけない中年の僻みといわれればそれまでだが、不快なものは不快だから仕方がない。

そんなことを考えていた矢先、茶の間のテレビがプッッと音を立てて瞬断するようになった。買ってから数年しか経っていないのに、寿命が来たらしい。本来の私なら怒り心頭に発するところだが、今回に限ってはそうでもない。テレビそのものに飽きてきたせいだろうか。

とはいえ、茶の間にテレビがなかったら、家族が好きな報道番組やドラマが見られない。新しいテレビを買うまでの代用品として、外付けのワンセグチューナーを買ってきて、それを予備のノートパソコンにつないで見せることにした。パソコンの画面いっぱいに引き延ばしたテレビ画像はかなりぼんやりしているが、昔のテレビはこんなものだった。スピーカーが小さいから音もうるさくないし、これはこれで十分に使える。なんだか、もう新しいテレビを買わなくてもいいような気がしてきた。

本音をいうと、物心がついたころからテレビを見て育った私は、テレビにすでに愛着を持てなくなったことを、心のどこかで寂しく感じている。

Crystal-clear color　透き通るように鮮やかな色

壊れたテレビの後釜に座る液晶テレビ（LCD TV）が茶の間に届いた。しばらく代用品のワンセグテレビで我慢してもらっていた義母がうれしそうにしているので、まずはひと安心。暇をもてあましているお年寄りにとって、テレビはやはり必需品だ。

これまでその形状から薄型テレビ（flat-screen TV、flat-panel TV）などと呼ばれてきたワイド画面（wide-screen）のハイビジョンテレビ（高品位テレビ、high-definition TV, HDTV）は、市場から姿を消すブラウン管（cathode ray tube, CRT）テレビに代わって、これからは単にテレビと呼ばれるのだろう。物心がついたころから家に白黒テレビがあった私は、ブラウン管テレビへの愛着をいまだ断ち切れないが、壊れてしまったものは仕方がない。

新しく買うテレビの機種選択を義母から任された家内と私は、カタログを手に電器店に実物を見に行った。身内では家電製品がわかるほうだと自負する私も、壁一面にぎっしり並んだ夥しい種類の薄型テレビの色鮮やかな画面には目を白黒させた。

夫婦であれこれ言いながら見て回るだけではさっぱり決まらないので、「壊れにくそうなメーカーの製品で、画面がきれいなのがいい」と方針を決めた。そこで私が選んだのは、液晶の製造で豊富な実績があるメーカーの純国産品。他社製より少しくらい価格が高くても、安心感がある。

家内の意見を尊重して、本体の色は茶色に近い濃い赤にした。白や黒もあったが、ツヤがありすぎて少し落ち着かないという。実際に茶の間に置いてみたら、家内の言うとおりだ。

テレビを選んでいるうちに、かつて家電メーカーで海外向け広告の仕事をしていたとき、crystal-clear color（透き通るように鮮やかな色）というキャッチコピーをカラーテレビの

広告に使ったことを思い出した。テレビの高機能化をうたう向きはアナログ全盛の時代からあったが、なんのかんのといっても、テレビを買う決め手は画面の見た目の美しさだ。それは今も昔も変わらないと思う。

昨今のテレビ番組の内容の良し悪しはさておき、真新しいテレビをつけてみると、HDTVでは美しい映像そのものを楽しめることに改めて気づいた。自然の風景でも美術品でも、「きれいだね」と言いながら眺めるだけで楽しい。このところテレビ離れを起こしていた私も、茶の間に座っている時間が少し長くなったようだ。

Census 国勢調査

10月1日の午後になっても国勢調査（census）の調査票が届かなかったわが家では、ちょっとした騒ぎが起こった。

まず、こういうものに人一倍関心が強い義母が、「例年なら数日前に届くはずなのに」と心配し出した。家内が区役所に電話をかけて問い合わせようとしたが、なかなかつながらない。ようやく電話に出た係の人に調べてもらったところ、担当の調査員がこともあろうに、その直前に拙宅の門に調査票を引っかけて去ったことが判明した。しかも、拙宅には義母と私たち夫婦の2世帯の表札が出ているのに、調査票は1通しか入っていなかった。それを見た私はいささか憤慨した。「調査票は一軒一軒、手渡しするのが原則ではなかったか。国費で報酬をもらっている調査員が、子供の使いにもならないとは何事か！」

調査員はあてにならないと思った私は、区役所から郵送してもらった調査票を見ながら、インターネットで回答を提出することにした。そもそも、相手を確認した上で調査票を配布・回収しなくてもいいのなら、最初から調査員など雇わないで、郵便か宅配便とインターネットだけを使うようにしたほうが、ずっと安上がりではないか。回答に続いて表示されたアンケート欄にもこの意見を記入したが、はたして反映されるだろうか。

今回、もうひとつ改めて疑問に思ったのは調査項目だ。前回、前々回も同じだったと思うが、聞かれたのは家族構成、学歴、職業、家の広さくらいか。しかし、せっかく膨大な費用をかけて調査するのだから、国勢調査でなければ集められない貴重なデータをもっと収集できないものか。

たとえば、国によっては使用言語や宗教も国勢調査で調べているようだ。自分や家族の信仰について他人に知られたくない人もいるだろうが、プライバシー厳守を前提とした国勢調査なら、その点は問題ないだろう。宗教団体が公表している信者数を合計すると総人口の倍近くになるそうだから、国勢調査である程度正しい統計を出すことには意味があると思う。何年か前に外国で実施された国勢調査では、数万人もの人々が自分の宗教を（映画『スターウォーズ』の）「ジェダイ」（Jedi）だと回答したそうだが、それはまた別の問題だ。

国家財政多難の折、国勢調査にしても惰性で続けるのではなく、かける費用に見合ったものにしてほしい。

A must have　必需品

実家の母もついに携帯電話（cell phone, mobile phone）を持つことになった。別に欲しくはないが、万一の緊急時に連絡を取れるようにしておきたいので買いたいと母が自分で言い出した。

最近はホテルや病院のような公共施設にも公衆電話を置いていないところがある。母のようにＩＴ機器とはほとんど縁がなかった高齢者にとっても、携帯電話はもはや必需品（a must have）と認めざるを得ない。

だが、これまで携帯電話を一度も使ったことのない高齢者が自分で購入するには、いささかハードルが高い。母は音声通話しか使いたくないのに、最も安価で簡単そうな機種を選んでみたら、メール機能やカメラはおろか、ワンセグＴＶまでついていた。

本体の使い方だけなら仕方がない。困るのは、携帯電話特有の複雑な料金プランだ。使わないインターネット関連のオプションが山のようについてくるので、買ってからそれを解除する手続きを自分でやらないといけない。携帯電話会社から派遣されてきたらしい販売員が店にいたので、その点について「母のような高齢者には難しすぎてわからない」と愚痴を言ってみたが、こういったオプションはどの機種にもついているという返事だった。解除する方法を親切に説明してもらえたので納得したが、それがなかったら、短気な私は契約するのを止めてしまったかもしれない。

高齢者向けに簡単に操作できるというたった機種もあるようだが、あれこれ余計な機能やオプションがついていることに変わりはなさそうだ。ただ、ボタンが日本語で表示されているとか、高齢者向けの追加機能がついているとか、その程度の違いらしい。だが販売価格が高く、最低限の通話機能だけを求める母のような初心者には手が出にくい。

驚いたことに、母が買った機種には取扱説明書がついていない。別売だが、その店には置いていないと言われた。見たければインターネットを使って無料でダウンロードできるのは知っている。しかし、私にはそれができても、パソコンを使えない母にはどだい無理な話だ。もっとも、あのようにわかりにくい取扱説明書がついていたところで、携帯電話の予備知識がまったくない母が読んでも、何が何だかさっぱりわからないだろう。

必需品となった以上、もう少し初心者に優しい品揃えや売り方ができないものかとつくづく思う。

Power strip テーブルタップ

東京の拙宅は、建物が古い割には電源コンセントがやたらとたくさんついている。小さい部屋にも、2個口のコンセントが2つも3つもある。そういうことに疎い義父に代わって家の造作を取り仕切っていた義母によると、かつて家で仕事をするために必要になって増やしたのだとか。

私たち夫婦が同居するようになってから、それらの古いコンセントには私が目を配るようにしている。電気製品のプラグが差しっぱなしになっていると、そこに埃がたまって、トラッキングと呼ばれる現象による発火の原因となるからだ。

最近買った新しいテーブルタップはだいたいトラッキング防止仕様になっているので、なるべく壁面のコンセントから電源を直接取るのは避け、この種のスイッチ付きテーブルタップを使っている。寝室にひとつだけ残っているブラウン管テレビも、本体の電源スイッチではなく、タップのスイッチで電源を切るようにした。

ちなみに、この「テーブルタップ」もコンセント（wall socket, electrical outlet）と同様、昔からある和製カタカナ語だ。どうしてテーブルタップと呼ばれるようになったかは知らない。英語ではpower stripという。最近よく見かける4個口、6個口のスイッチ付きテーブルタップを「マルチタップ」と呼ぶのは、その流れだろう。手元の辞書には見当たらないので、例によってインターネットで検索してみると、英語ではmultiple outlet [power strip とかmultiple socket outletなどと呼ばれている。新しい辞書には出ているのかもしれない。

節電の必要もあって改めて点検してみたら、家具の後ろに隠れて見えないコンセントに、故障してもう使っていないコードレス電話の充電器のアダプターが差し込んだままになっていた。触るとかなり温かった。あわてて抜いたが、これまでずいぶんムダな電気を食っていたに違いない。残念無念。

このような努力にもかかわらず、わが家の家電製品の総数は一向に減らない。たとえば通信機器では、固定電話やファックスに加えて、うちでもほぼひとりに1台ずつ持つようになった携帯電話の充電器が増えた。節電のため電気ポットは廃止したが、それ以外に減らせたものは思い出せない。それでも、マルチタップのスイッチでこまめに電源を切ったのも功を奏したか、わが家では目標を大きく上回る節電を達成することができた。

大震災の余波で家庭でも節電への協力が求められているが、これを機に、コンセントまわりを見直してみてはいかがだろうか。

Martial arts　武道

中学校の保健体育で武道とダンスが男女を問わず必修科目（compulsory subject）になったそうだ。

無粋な私は、ヒップホップのような今風のダンスを中学校で教えることの意義がよくわからない。伝統重視の姿勢から武道を教えるというのなら、この国古来の舞踊を教えるべきだという気がしないでもない。

学校で習うダンス（dancing）といえば、私の世代は小学校でフォークダンスをやらされたくらいだが、それが何か役に立ったかと聞かれたら、何ともいえない。ただ、その年代の多くの男子にとって、女の子と手をつなげる数少ない機会ではあった。

ハワイのフラ（hula）をたしなむ家内を傍目で見てよく思うのだが、ダンスのリズム感とか身のこなしは、天賦の才が大きくものを言う。たまたまセンスや指導力のある先生に恵まれた生徒は良い刺激を受けるかもしれないが、そうでなければ、幼稚園のお遊戯とたいして変わらないものに終わってしまいそうだ。

武道（martial arts）の必修化は、まあ結構なことだとは思う。しかし、これも私自身の限られた経験から書かせてもらうと、高校の体育の授業でやらされた柔道と剣道はまったく楽しくなかったし、ほとんど役にも立たなかった。柔道では畳にこすられた皮膚がすりむけ、剣道では防具がついていない脇の下や後頭部に相手の竹刀があたって目から火花が出た。誰が悪いわけでもないが、狭量な私は、相手や教師への敬意や礼節を学ぶどころか、敵意と憎悪しか湧かなかった。もっとも、教師の指導の仕方や私の心構え次第では、それももっと有意義で楽しい経験になっていたかもしれない。

武道、特に柔道の授業では事故の発生が懸念されているが、これについてはぜひ細心の注意と配慮を払ってほしい。武道ではないが、私が大学時代に不承不承選択したトランポリンの授業では、クッションマットを持った学生がトランポリン台を取り囲み、外に跳び出しそうになった演技者をそれで押し戻すように指導された。そのおかげで負傷者もなく、意外に楽しくやれた。何でも、その何年か前に他大学で死亡事故（fatal accident）が発生して以来、その方法を励行していると教師から聞いた。指導経験の豊富な教師の存在は、やはり不可欠だ。

無論、年に数時間ほど学校で武道を教えたくらいで中学生の人格が陶冶されるとは到底思えない。とすれば、武道全般の上っ面を教えるよりも、たとえば柔道の受け身、合気道の身のかわし方など、いちばん大切な身を守る術に絞って教えたほうが、学生本人のためになると思う。現場の柔軟な工夫を期待したい。

When to call　電話すべきとき

とある地方都市で２０１１年、一人暮らしの大学生が体調不良で１１９番に電話をしたところ、タクシーを使って自力で病院に行けると判断されて救急車（ambulance）が出動せず、そのまま死亡するという痛ましい出来事があった。救急車を出動させなかった市当局を相手に遺族が訴訟を起こしたという話をニュースで聞いた。

救急出動を要請すべきかそうでないかの判断について、私自身の体験からひとつ書いておきたいことがある。義母が外出先からの帰路、同行していた家内に悪心を訴えた。自宅に戻った義母をすぐに横にして休ませたが、かなり苦しそうだった。意識はあった。私が救急車を呼ぶと言うと、義母は「少し休んだら治るから、救急車は呼ぶな」と言い張った。家内に介抱を任せて少ししてから様子を見に1階に降りると、いっこうに良くなる様子がないどころか、血圧を測ると異常に低く、そのうち身体が震えだした。少なくとも食中毒（food poisoning）か何かでショック症状が起こったと判断した私は、義母の拒絶を無視して救急車を呼んだ。

私が１１９番に電話したのはそれが初めてだったが、救急か消防の別、どのような症状か、名前と住所だけ聞かれるとすぐに「救急車を出します」と告げられた。家内によると、そのあと私が門の外に救急車を迎えに行っている間に、こちらに向かっている救急車の隊員から折り返し電話があって、本人の既往歴やかかりつけの病院を聞かれ、保険証等を用意するように言われたという。結局、そのまま一日も放置したら絶命するほど重篤な病気とわかった義母は、緊急手術を受けて一命を取りとめた。

軽症や不急の事態で救急車を呼ぶ人が増えているといわれる今日、軽々に１１９番や１１０番などの緊急通報先に電話してはいけないのは当然で、自戒すべきことだ。しかし、あのときもし「本人は休めば治ると言っているし、今晩は様子を見るか」と考えて救急車を呼んでいなかったら、どうなっていたかわからない。苦痛で意識がもうろうとしている本人の判断は、必ずしも当てにならない。この経験を通して、１１９番に電話すべき場合の判断基準を平素から心得ておくべきだと改めて思った次第だ。

本稿を書くにあたって、when to call 911（米国）／999（英国）とインターネットで検索してみたら、大人から子供向けまで多数のウェブサイトが見つかった。事故や病気などの緊急時の通報の是非については、インターネットでの情報提供だけでなく、マスコミや家庭、学校、社会教育の場も活用した積極的な啓蒙活動を望みたい。

At a glance　一目でわかる

家庭用デジタルＡＶ製品の互換性（compatibility）の問題についてはよくぼやいているが、最近また新たな問題に直面して、どうにも憤懣《ふんまん》やるかたない。

わが家には、デジタルテレビ（録画機能内蔵型）が茶の間の1台しかない。家内が2階でもブルーレイディスク（Blu-ray Disc, BD）を見たいというので、テレビとＢＤプレーヤーの購入に向けて検討を始めた。ところが、調べてみると、メーカーによって、あるいは同じメーカーの製品でも機種によって、必ずしも互換性がないことがわかった。標準画質で録画した番組は再生できても、長時間モードで録画したものは、映像ファイルの圧縮方式などが異なる他の機器では再生できないことがあるらしい。

互換性がある製品を求めて、メーカー各社のウェブサイトで製品情報やＦＡＱ（よくある質問と回答）を読んだり検索したりしたが、判然としない。考えたらそれも道理で、できることはあれこれうたっても、できないことまでいちいち書かないだろう。どうにも埒《らち》が明かないので、購入を検討している製品の機種名を挙げて、再生互換性の有無について、製造元各社の消費者窓口に電子メールで直接尋ねてみた。回答はいずれも慇懃《いんぎん》な文章で書かれていたが、再生できる保証はない、というのがその結論だった。中には、販売店の店頭でデモ機にディスクを入れて確かめるのが手っ取り早いという、いささか無責任に見える助言もあったが、本音なのだろう。

かつて家電メーカーに勤めていた私は、この種の製品には人並みに詳しいと自負していたが、昨今のデジタル機器の互換性の問題には、どうにもついていけない。アナログテレビの時代に登場した初の家庭用ビデオデッキは、製品規格がＶＨＳ、ベータ（β）に分裂して当時の世間から大いに非難されたものだが、そもそもカセットの大きさからして違っていたから、互換性の有無は一目でわかった（can be identified at a glance）。

一方、最近のデジタルＡＶ機器の互換性は、見た目だけではわからない。それどころか、インターネットで調べ回っても、製造元に尋ねても、結局はよくわからない。さらに、著作権の保護などを目的に、海外の他の地域では意図的に使用できなくもしてあるという。だがこれでは、角を矯《た》めて牛を殺すようなものだ。私のようにものぐさでケチな男は、それに難癖をつけて購入を先送りしているうちに、買おうとしていたことも忘れてしまいそうだ。

この国のＡＶ機器メーカーが不振に陥っているとしたら、その一因は、このような互換性の有無のわかりにくさにあるのかもしれない。

Curriculum vitae　履歴書

往年の米国のテレビドラマ『刑事コロンボ』（Columbo）を眺めていたら、コロンボが「curriculum vitaeって何ですか?」と尋ね、相手（容疑者）が「resumeのようなものだ」と答えた場面がどうも引っかかって、改めてインターネットで調べてみた。

米国では履歴書をresume（resumé, résumé「レジュメ」）ということは、私も前から知っていた。しかし、私がときたま日本語への翻訳を依頼されるこの類の文書にはよくcurriculum vitae（CV）と書いてある。だから、後者こそ世界的に通じる言葉で、英語圏なら誰でも知っているものとばかり思っていた。

履歴書の書き方を説明した各種の英文ウェブサイトによると、普通の求職活動に使うもので、学歴や職歴を簡単にまとめた1～2ページ程度の文書を、英国ではcurriculum vitaeという。それを北米（米国・カナダ）ではresumeと呼んでいる。書式は様々に異なるが、その内容や目的からいえば、これが日本で一般にいう履歴書に相当するものである。

一方、北米でcurriculum vitaeというと、志願者（applicant）の教職歴、研究活動、学術誌への寄稿歴などを詳細に記載した、少なくとも2枚以上にわたる文書で、大学や研究機関などへの求職活動や奨学金の申請に使うものをいうらしい。こちらは、一般的な履歴書より詳しく、日本でいう職務経歴書を併せたようなものだろう。

ここまで調べて、前掲の『刑事コロンボ』のやりとりにもようやく合点がいった。イタリア系の米国人で、現場たたき上げの警察官であるコロンボにとって、curriculum vitaeが聞きなじみのない言葉だったとしてもおかしくはない。もっとも、知らないふりをしてその意味を尋ねたのは、一見たわいもない雑談を通して犯人を徐々に追い詰めていくコロンボならではの手練手管なのかもしれない。

インターネットで検索した辞書で発音を聞いてみたところ、カタカナで書くと米英いずれも「カリキュラム・ヴィータイ」に近い。コロンボは「カリキュラム・ヴァイタイ」と発音していたが、それも作為的な所作だろうか。

ついでに海外のQ&Aサイトを見たところ、「英国でCVの代わりにresumeと言っても通じるか」という質問に対して、resumeと聞いてわかる英国人もいるが知らない人も多いとか、通じることは通じるが英国人は使わないといった回答が寄せられていた。英国を含む世界の広い地域では、やはりCVが主流らしい。

米語に限らず、どの国や地域の英語であれ、あらゆる言葉が世界共通で使われているとは限らないし、その言葉を使う人によって定義が異なる場合もあるので、よく注意したい。

Keep me informed　逐一知らせよ

わが家のすぐ隣で大きな建物の建設工事が始まると、ある程度予想はしていたが、その騒音（noise）と振動（vibration）たるや尋常ではない。毎夕5時には作業が終わるが、一日中うちにいる私などはもろに影響を受ける。当家と敷地を接する隣家の若い人たちは夜間働きに出ているものだから、私と顔を合わせるたびに、ろくに寝られないとぼやいている。

近所で建設工事が始まっても施主からは挨拶もない。今回の工事でもそれは同じだった。建設会社が一方的に日時を決めた説明会には都合がつかず、出席しなかった。近隣家屋の現状調査を委託されて来た会社の人に家人がその話をしたら、「普通は施主のほうから何かしら挨拶があるものですけどね」と言っていたそうだ。「うちは調査を頼まれただけですから…」という彼らに愚痴をこぼしたところで詮方ない。

それでも、隣の工事については、自分では思っていたほど腹が立たない。騒音と振動に慣れてきたせいかもしれないが、それよりもっと大きな理由があることに気づいた。うちの2階の窓から、工事の状況がつぶさに見て取れるのだ。重機がまるで太古の恐竜のように首を振りながら穴を掘っている光景には、わが家の猫も興味津々の様子で、毎朝のように窓際の指定席に陣取って見物している。猫は本来、神経質な動物だが、好奇心が不安や恐怖に勝ることがあるようだ。英語にもCuriosity kills the cat.（好奇心のせいで猫が死ぬ＝好奇心は身を滅ぼす）という諺があるくらいだ。

私もつられて見ているうちに、工事現場ではそれなりの配慮がされていることに気づいた。電光掲示板の騒音計がつねに点いている。重機が土の上を動き回ると古いわが家はひどく揺れたが、その上に組んだ鉄骨の土台の上で作業するようになってからはかなり収まった。作業員用の仮設トイレの天井をカバーで覆ったのは、近隣への遠慮もあってのことだろうか。表通りに面した囲いの一部には透明のパネルがはめ込まれていて、そこから工事の状況が見えるようになっている。

これらの視覚情報を通して、どのような形で作業が進められているかが手に取るようにわかるからこそ、気難しい私もそれほど怒りを覚えずに済んでいるのだろう。逆に、何もわからないまま、毎日のように騒音、振動、悪臭の不意打ち（surprise）を食らわされ続けていたら、腹の虫が収まらなかったかもしれない。

迷惑を被る者の立場で言わせてもらうと、不要な情報までやたらと送りつけられても迷惑千万だが、必要最低限の情報は、しかるべき手段で、逐一知らせておいてほしい（keep me informed）ところだ。

Share information　情報を共有する

長患いをしている患者の家族にとって悩ましい問題のひとつは、治療方針や回復の見通しなどの情報を、離れて住む身内や本人と親しい友人に、どのような形で、どれほど詳しく知らせたらよいかということだ。私と家内は、肉親がそのような状況に陥って、その難しさを改めて実感した。

患者本人はよく、周囲に余計な心配をかけまいとして、知らせなくてもいいと言う。それは率直な気持ちだろうし、尊重したい。だからといって、何もかも隠しておくことはできない。成り行きによっては、「これほど悪いとは思わなかった、どうして知らせてくれなかった」と恨まれかねない。

一方、これがインフォームドコンセント（informed consent）というものだろうか、患者の家族は医師から突然、重大な選択肢を突きつけられることがある。それほど重篤な（critical）状態ではないと思っていたのに、「万一の場合、延命処置を希望しますか」と突然聞かれ、その場で同意書への署名を求められて、面食らってしまう。

もちろん担当医は、あらゆる可能性を見越して、超多忙な時間を縫って、私たちのような素人にもわかるように易しく説明してくれる。だが、それを聞く側にもある程度の予備知識や類似の経験がないと、正しく理解できないことがある。もっとも、今時の人はその場で携帯端末を取り出して検索し、医師が説明した言葉の意味や選択肢もあっという間に調べてしまうのかもしれない。

そのように難しい部分がある話を、遠くで忙しそうに働いている兄弟姉妹や親しい人たちにいつ、どう話せばいいか、私などはよく考えてしまう。電話をかけて唐突に切り出すと、驚かせてしまうかもしれない。私はとりあえず電子メールで一から説明しているが、相手がそれを読んで問題点を正しく把握してくれるか、また、必要以上に不安に陥ったりしないか、やはりどうしても気にかかる。結局、電話をかけて相手の声も聞き、できれば会って話すことになる。

話は少し違うかもしれないが、微妙な（sensitive）事柄に関する情報の伝え方という点では、隣国との不幸な過去に関する最近の政治家の発言を聞いて、それと似たような問題を感じた。政治家なら、正しいと信じていることを公言して何が悪い、と思うのかもしれない。しかし、事実であれ正論であれ、露骨に口にすれば、人の心の傷に触れてしまうことがある。そのような話は、公の場で言い放つのではなく、非公開の席で関係者とじっくり話したほうが、良い結果を招きそうだ。

話の内容によっては、情報や意見を一方的に発信するのではなく、相手に寄り添いながらそれを共有する姿勢も大切ではないかと思う。

Show respect　敬意を示す

渋谷駅前で、サッカー日本代表のワールドカップ出場決定に湧く人々の交通整理に当たった警官が警視総監賞を受賞したという。その警官は、今にも車道に跳び出しそうな若者に拡声器で「サポーターの皆さん！」と呼びかけ、群衆を穏便に誘導していた。報道の中にはそれを警官のユーモアと伝えていたものがあったが、その映像を私が見る限り、交通秩序を乱す暴徒ではなく良識ある市民として一定の敬意を示した警官の態度が、好感をもって迎えられたように見えた。

その一方で、復興庁の幹部職員が市民団体に対する暴言をツイッターに書き込んで更迭されたというニュースも聞いた。二人の公務員の対照的な行動に、私たちは、相手に応じてしかるべく敬意を示すことの大切さ、逆に人を侮るような行動がもたらす危険に改めて気づかされる。

敬意を示す（show respect）ということは、単にやたらと慇懃《いんぎん》な敬語（honorific）を使うこととも、こびへつらう（flatter）こととも違う。その基本は、相手の人格や立場を認め、あからさまに無視または否定しないことにある。ここではたまたまニュースで話題になった公務員を引き合いに出したが、社会人であれば気をつけるべきことであろう。

ここまで書いてふとわが身を振り返ると、戦後の教育を受けて育った私は、敬意を示す術を教わった記憶がほとんどない。これに関してはむしろ、社会に出てから現場で学んだことのほうが多い。自宅にこもる最近では、人様に敬意を示す機会は少なくなったが、かつてソニーで名誉会長の付き人をして外を回っていたときは、よく気になったものだった。

私がここでいう「敬意を示す」とは主に、ごく基本的な態度の問題だ。いわゆるタメ口をきかない、上から目線や命令口調で物を言わない、人が話している間は静聴する。このような態度が取れるかどうかは、表現力の豊かさや知識の多さよりも、人となりや立ち振る舞いによるところが大きい。

英語圏には日本語ほど複雑な敬語はなくても、敬意を示す場面は多いように見受けられる。たとえば、米国の報道関係者は、自国の大統領に対しMr. President（大統領閣下）

と呼びかける。大統領が議場などに入場するときは起立して迎え、ヤジではなく拍手を送る。このあたりは国による制度や慣習の違いと言ってしまえばそれまでだが、日本では戦後の大変革を経て、旧弊陋習《きゅうへいろうしゅう》とともに、敬意を示すという美風もかなり失われたようだ。

この国が世界に通用する人材を育てようとするなら、相手や場に応じて敬意を示す慣行や教育をもっと取り入れたほうがいいかもしれない。

You came through　よくやってくれた

２０２０年の東京五輪開催が決まった。直前まであまり関心も期待を寄せていなかった一都民の私も、招致関係者の努力には頭が下がる。

その招致活動ではとりわけ、よく日本人が苦手とされるプレゼンテーションの完成度が高く、好評だった。かつて会社創業者のスピーチ原稿を用意した経験がある私も、ここで技術的な観点から所見を述べたい。

スピーカー（speaker）の人選はバランスがよく取れていた。招致委員会のトップ、首相、東京都知事はさておき、若いアスリートやプロのアナウンサーの溌剌《はつらつ》としたプレゼンには好感が持てた。プレゼンに先立って、高円宮妃殿下が大震災復興支援について述べられた感謝のスピーチは、日本人に相応しい礼節と皇族ならではの気品に溢れていた。

話しぶり（delivery）はどのスピーカーもハキハキしていて、感じが良かった。プロンプター（teleprompter）を使っていたとはいえ、聴衆（audience）やカメラに視線を向け、自信に溢れた笑顔で堂々とスピーチできた点は高い評価に値する。

話の内容（contents）は具体的で、各スピーカーの持ち味が出ていて、これも好印象を与えた。よく田舎の結婚披露宴などで年寄りが説教くさい話を延々と続けて聴衆をうんざりさせてしまうものだが、今回のプレゼンに関する限り、そのような愚は避けられた。

日本語訛りの英語（English with Japanese accent）しか話せない私としては、各スピーカーの英語やフランス語の巧拙に関する論評は控えたい。ひとつだけ難点を挙げると、英語でプレゼンしていた首相と都知事が、質疑応答になるとにわかに日本語で答えたのは、見た目にはあまり良くなかったし、その回答もどこか的外れなものだった。どの質問も事前に想定できていたはずであり、それに対する英語の模範解答をスタッフが用意しておくべきだった。もっとも、超多忙な日程を縫って地球の裏側での会議に出席する首相や都知事にそこまで求めるのは酷かもしれない。

福島第一原発の汚染水問題について、政府が状況をコントロールしている（under

control）と首相が言い切ったのは、いささか無理があったようだ。政府は当時、汚染水対策に自ら取り組むと発表したばかりで、地下水や海水への影響、対策やその実効性は、現時点ではほとんど未知数だ。もっとも、世界が注目する大舞台に日本の首相を立たせて、そのような言質を引き出したことこそ、まさに五輪の魅力が成せる業だ。日本政府のトップがそう口にした以上、きっと約束は守るだろう。これもまた、別の意味でプレゼンがもたらした成果といえよう。

A letter of thanks　礼状

心のこもった礼状を書くのは難しい。かつて会社で役員秘書のような仕事をしていた頃はつねづねそう思っていたが、このたび、義母がお世話になった病院の医師や看護師の皆様に礼状をしたためようとして、改めてそのことを思い出した。

病院へのお礼の挨拶といえば、昔はよく菓子折りを下げてナースステーション（看護師の詰所）に伺ったものだ。自身がかつて看護師であった実家の母は、今でも退院するたびにそうしている。幼かった私もそのおこぼれにあずかっていたはずだが、残念ながら記憶にはほとんど残っていない。

ところが、最近の病院は、金品の受け取りはいっさいお断りと掲示してあるところが多い。義母が入院していた3つの病院は、いずれもそういう方針だった。菓子折りくらい別にかまわないのでは…と思わないでもないが、もらった食品の衛生管理上の問題とか、多忙な職員の間でそれを分配する煩わしさとかもあるのだろうと勝手に推測している。

そこで家内と私は、せめてお礼の手紙だけでも出すことにした。英文で手紙を書く際には特に気をつけていることだが、言い古された文句（hackneyed phrase）に終始したくなかったら、自分が相手にどのようにしてもらったことがうれしかったかを具体的に書くのが要諦だ。

義母が最後に入院した療養型病棟には、高齢者が多いからか、看護師が入院患者と一緒に紙で作った工作をそこかしこに展示してあった。折に触れ義母の写真を撮っては、様々な形に切り抜いた台紙に貼って義母の枕元に飾ってくださった。その心遣いには家内も私もいたく感銘を受けたので、そのことを礼状に書いた。いただいた義母の写真を自宅にも飾っている様子を撮った写真をプリントして同封した。さらに、簡易包装が普及したために工作の材料に使う包装紙が不足していると聞いていた家内が、うちにあった包装紙や手提げ袋から色や柄がきれいなものを選んで一緒に入れた。いくら何でも、使い古しの包装紙であれば贈答には当たるまい。

後日、その病棟の看護師長から丁重なお礼の電話をいただいた。その電話を受けた家内によると、担当の看護師に私たちの手紙を見せたところ、とても喜んでくださったそうだ。入院患者のためにこのような工作をする励みになる、とも仰っていたという。忙しいはずなのに、わざわざ拙宅に電話をかけて逆にお礼を言われたことに恐縮しながらも、そのような気配りにまた感じ入った。

金品の贈答がはばかられる場合は、言葉や手紙だけで伝えるお礼でも、気配り次第で互いの心に染み入るものがあるようだ。

No response required　返信不要

手紙や電子メールに対する返信の要否について、やたらと気にする向きが世間にはあるようだ。年始のご挨拶の欠礼を詫びる文面を作成しようとしてインターネットで調べていたら、それに関する質疑応答や議論が百出しているのにはちょっと驚いた。

私自身は、必要がない限り返事は出さないし、相手にもそれを求めない。童謡の黒ヤギさんと白ヤギさんではあるまいし、同じ用件で何度もやりとりを繰り返すのは互いに時間の無駄だからだ。

儀礼的な返事を出そうか出すまいかと相手が迷わないように、「返信不要」「お返事はご無用に」などと書き添えるのは良い慣行だと思うのだが、これもインターネットで検索しているうちに、この種の断り書きを快く思わない人がいることに気づいた。英語でもRNR（Response [is] Not Required）、NRN（No Response [is] Necessary）、NNTR（No Need To Reply）などの略語を気軽に使う人もいれば、そう書いてあるのは失礼だと受け止める人もいるようだ。

何やらぶっきらぼうに見える、というのがこの種の表現を嫌う理由のひとつらしいが、察するに、一方的にメッセージを送っておきながら相手からの返答を拒絶しているかのように誤解する人がいるのだろう。だとすれば、たとえば「お返事いただくには及びませんので、どうぞお読み捨てください」と丁寧に書いたところで、相手に残る印象は大差ないかもしれない。

メッセージを送る目的が一方的な情報提供であれば、「ご参考まで」（FYI = For Your Information）と書き添える手もある。「返信不要」という単刀直入な表現ではないという点では、このあたりが無難かもしれない。

逆に返信を求めたければ、その旨を明記しておくといい。仕事で重要な書類を送る場合のように、相手が受け取ったことを確認する必要があるなら「本状の受領をご確認願います」（Please acknowledge the receipt of this mail）などと書いておく。パーティーやレセプションの招待状の下などにR.S.V.P.（Répondez s'il vous plaît, ご回答願います）というフランス語の略語が書き添えてあれば、出欠の返事が求められている。

最近、若者の間で使われているスマホの通信アプリで、グループ内の誰かからのメッセージを読んでただちに返信しないことを「既読無視」などといって、その人をグループから締め出すなどのいじめがあると聞いた。これはいけない。あらゆるメッセージに返信する

必要はないし、他の人にはどうでもいい近況報告にまで逐一返信した日には他に何もできなくなる。

返信の要否の判断については、送り手も受け手も互いに寛容でありたい。

What do you call it？　何と呼ぶ

英語の食材名を日本語で何というかは、簡単なようでも難しい。魚介類（seafood）については特にそうだ。世界各地で獲れる魚種は様々に異なっていて、外見は似ていても実は違うものだったりする。当然、それらの呼び方も千差万別だ。

たとえば英語のsardine（サーディーン）を手元の英和辞典で引くと、単に「イワシ」としか書いていないものもあれば、大きな辞書には「大西洋産のイワシの一種」と何やら意味ありげに書いてあるものもある。翻訳していたらそこが気になって調べたところ、sardineは単一の魚種の名称ではなく、brisling（スプラット、小型のニシン）、pilchard（マイワシ）、sild（シルド、ニシンの幼魚）を含む総称だということがわかった。しかもそれは往々にして、油漬けにして缶詰にしたもの（oil sardine）を指していう。一方、カタクチイワシやウルメイワシは「イワシ」とはいっても科が異なり、sardineではないらしい。この説明を読んで目から鱗が落ちた。

このように、食材の呼び名には、正式名とは異なる通称が使われていることがある。だから、食品の不当表示（false labeling）問題が報道されたとき、中華料理の業界では小さなエビを「芝エビ」、大ぶりのエビを「大正エビ」と呼んでいるという関係者の弁解を聞いた私は、そういうこともありうると最初は妙に合点してしまった。その後、多数のホテルや百貨店が相次いで同様の説明をしていたところを見ると、ことの善悪はともかく、それらの業界関係者の間ではそう呼ぶのが半ば慣習化していたようだ。

しかし、芝エビ、大正エビ、車エビのどれにも本来そう呼ばれている種が存在する以上、それらとは異なるエビをそう表記すれば、不当表示の誹りは免れまい。一流ホテルの厨房を仕切る料理長にこれらの食材の区別がつかないはずがないし、悪意のない誤表示だったという説明で済まされる問題ではなさそうだ。まして、オーストラリア産の牛肉を霜降り肉に似せて加工した成型肉を「和牛」だとか、長野産でもないのに「信州そば」だとか、普通のネギを使っておいて「九条ネギ」と騙った産地偽装に至っては、釈明の余地はない。

この不当表示騒動は、ホテルのレストランには行きつけない私には実害はなかったが、常連客の皆様にとっては憤懣《ふんまん》やるかたないところだろう。被害者でもない私でさえ、この国が誇る食文化の実態がこの程度だと知って、まことに残念に思う。これほどまでに地に堕ちた業界の信用回復は容易ではないかもしれない。

せめて新年のおせち料理くらいは、偽物ではないかという疑念を抱かずに安心して楽しみたいものだ。

第2章

社会・時事

Brinkmanship　瀬戸際外交

緊張関係を故意に高めることによって外交交渉を有利に進めようとする某国のおかげで、「瀬戸際外交」という言葉をひさしぶりに耳にするようになった。瀬戸際外交、英語ではbrinkmanshipという。brinkは「水際」とか「がけっぷち」とかいう意味だ。

国際協調に基づく相互依存関係があまねく広がっている今日の世界においては、某国だけがそういう政策を振り回している姿が異常にも見えるが、1950年代に米国アイゼンハワー政権のダレス国務長官が大量報復戦略を背景として展開した政策も、瀬戸際外交と呼ばれていたらしい。いわば、全面的な対決も辞さない強気の姿勢を貫いて相手に要求を呑ませる政策だ。

もっとも、厳しい交渉においては、対決姿勢を強めながらギリギリの線で妥協させるようなやり方は、一種の常套《じょうとう》手段だろう。その意味では、相手が拳を振り上げ、脅し（bluff）を交えながら要求をふりかざしたとしても、交渉事の本質がよくわかっていてその相手との力関係を見極められる人なら、さほど慌てふためくようなことではない。

ところがこのところ、その某国について伝えるテレビの報道たるや、いわば過剰反応に近い。かの国のテレビ局が放送した反米シュプレヒコールを繰り返している集会の光景やら、アメリカ人を悪者にしたテレビドラマの一場面などを、これでもかと言わんばかりに取り上げている。好奇心の強い私としてはつい見てしまうが、この国のテレビでそのような映像が氾濫している現状は、どうも腑に落ちない。

そういったエキセントリックな（eccentric）映像をひたすら垂れ流すこと自体、結果的には、「自分たちを敵に回すと恐ろしいぞ」という某国のプロパガンダに与《くみ》することになっているのではないか。だとすると、この国の民放テレビ局のいくつかは、彼らの瀬戸際外交のペースに都合よく乗せられているようにも感じる。

瀬戸際外交を展開している当事者は、けっして激情の赴くまま拳を振り上げているわけではない。むしろ、冷徹な計算に乗っ取って行動しているに違いない。マスメディアには、彼らが作った珍妙な映像を面白がって垂れ流しにするのではなく、客観的かつ徹底的な取材と冷静な検証を望みたい。

Foolproof　フールプルーフ

産業翻訳の仕事を始めたころ初めて知った言葉に「ポカよけ」というのがある。生産現場などで使われる一種の職業語なのか、普通の国語辞典には出ていない。

これを英語に訳すにはfoolproofという言葉を使う。「ポカよけ」のほかには「フールプルーフ」とカタカナで書く以外に適切な日本語が見当たらないが、人によっては「ばかよけ」などともいうようだ。生産現場で使われるfoolproof＝「ポカよけ」には、「利用者がどのような使い方をしても絶対に危険を起こさないように設計（配慮）する」という意味がある。

failsafe（フェイルセーフ）という言葉もある。システムの一部に障害や故障が発生しても、安全が何重にも確保されている設計についていう。航空機の設計思想についてよく使われる言葉だ。

最近仕事をしていて、心なしかこういった言葉をあまり見かけなくなったような気がする。その一方、信じがたい人為的エラーによる事故が跡を絶たない。

２００５年４月に尼崎で起きた列車転覆事故では夥しい数の人命が失われた。自動的に列車を減速させる装置は、この路線にはまだ設置されていなかったという。

その後も、羽田空港の航空管制官全員が失念していたとかで、閉鎖中の滑走路に航空機を誘導するという事件が起きた。

電車の運転士や航空管制官がどれほどよく訓練を受け、高度な専門的知識や技能を持っているとしても、エラーが起きる可能性を完全にゼロにすることはできない。そういう不測の事態に備えてシステムをfoolproof／failsafeに設計しておく必要がある。

大事故が起きるたびに「日本の安全神話が崩壊」という陳腐な文句を新聞記事で見かけることがある。だが、foolproofに当たる日本語が「ポカよけ」とか「ばかよけ」くらいしかないこの国に、そのような「神話」など最初からなかったくらいに思っていたほうがむしろいいいかもしれない。

そもそも、先進諸国の中でこの国だけずば抜けて事故発生率が低いとも思えない。日本人のやることとは安全面でも完璧だという誤った思い込みが、この国の企業社会に油断を生じさせてきたのではないだろうか。

安全に関わるシステムについては特に、フールプルーフな設計になっているかどうかを社会全体が見直すべき時期に来ているのかもしれない。

Armchair theory　机上の空論

かつてこの国を戦争へと走らせた陸軍参謀の多くは、士官学校で成績が良かっただけの学校秀才だったという。その史実を見てもわかるように、国のような巨大組織が進むべき道を誤らせるのは、机上の空論を声高に叫ぶ自称戦略家かもしれない。

この意味の「机上の」に当たる英語の言葉にarmchair（アームチェア）というのがある。「ひじ掛け椅子」に座って理屈ばかりこねるという意味だが、その発想は「机上の」に相通じるものがある。

armchairという言葉を例によってインターネットで検索してみたら、よく出てくる用例のひとつにarmchair quarterbackがある。quarterback（クォーターバック）はアメリカンフットボールのポジション。つまり、テレビなどでスポーツを観戦しながら偉そうに批評する人のことだ。

armchair warriorは、実戦経験もないくせに、口先だけは勇ましい主戦論を唱える軍人や政治家などを指していう（warriorは「戦士、武士」の意）。armchair strategist（机上の戦略家）は、理論だけで戦略を組み立てようとする、実務経験に乏しい人のこと。

これと似た発想の英語にbackseat driverというのがある。「車の後部座席（バックシート）に座って運転する人（ドライバー）」が原義。日本語でいえば、「外野から口を出す人」といったところだろう。

北朝鮮による核実験の実施を受けて、この国でも核武装の可能性を論じる向きが一部にあるようだ。中には、「議論するのもいけないのか」と開き直る政治家もいる。しかし、十分な情報や裏付けを持たないまま、やみくもに議論を煽ることほど危険なことはない。

かつて核軍拡競争に走った米ソ両大国の例を見るといい。競争がエスカレートするままに、人類を何千回と絶滅させるほど膨大で複雑な核兵器体系を作り上げ、恐怖の均衡による核抑止を維持するために、いたずらに国力を消耗した。

まして今日の国際世論は、核拡散防止の方向で一致している。理性ある平和国家が新たに核兵器を保有する動きはない。核武装とか核抑止など、良くも悪くも戦争に縁のないこの国で軽々に論じられるものではない。

armchair warriorやbackseat driverに振り回されることのない、地に足のついた政策論議を期待したい。

School meals　学校給食

某国が日本企業から手のひら静脈認証技術（palm vein authentication technology）を小学校に試験導入して、現金やカードを使わずに学校給食費を支払えるようにしたという記事を読んだことがあった。

このシステムを導入した理由が、ちょっとふるっている。低所得世帯の児童が無料給食を受けるのを恥じて辞退することがよくあるので、このような生体認証システム（biometric authentication system）を導入することによって、誰が無料給食を支給されているのかわからないようにするという。お金のことで子どもに恥をかかせないという社会的配慮は良いと思う。

「写真を撮られると魂を奪われる」などと恐れた昔の人々ではないが、自分の身体の一部である指紋や静脈のパターンを他人に預ける最新技術は、私のような古い人間にはなじみにくい。事実、その国で当初導入しようとした指紋認証技術は、犯罪捜査を連想させると感じた保護者の反対で頓挫《とんざ》したそうだ。いくら優れた技術でも、代償以上の利点や必然性がなければ受け入れにくい。その点、子どもの気持ちに配慮するという理由なら、まだ納得できる。

一方最近の日本では、驚いたことに、給食費を払わない親が増えているという話を聞く。お金がなくて払えないのではなく、単に支払いを怠っている、または給食制度そのものに難癖をつけて払わない親がいるらしい。

私が子供だった頃の親の世代は、学校で必要なお金だけは工面してくれた。そういう親の努力があればこそ、今日の自分があり、健全な社会が成り立っている。

もちろん、恵まれない子どもたちを育む費用の一部は、社会が負担すべきだろう。すべての児童に手頃な料金でバランスの取れた食事を与える給食制度も、合理的な教育システムの一部に違いない。

わが子に恥をかかせてまで給食費を踏み倒す親の後姿を見て育った子どもは、その親と同じように、社会に寄生することしか考えない大人に育ってしまうかもしれない。人の親たる者、自分が所属する社会のシステムを守っていこうという公共心くらい持ってもらいたい。

National anthem　国歌

「オリンピックは勝つことでなく参加することに意義がある」（The most important thing in the Olympic Games is not to win but to take part. ＝近代五輪の祖、クーベルタン男爵の言葉）とは思いながらも、母国の国歌が一度も聞こえてこないのも寂しいものだ。

２００６年冬季五輪トリノ大会をテレビ観戦しながらそう思っていたら、女子フィギュアスケートの荒川静香選手が見事に金メダルを取ってくれた。そのおかげで、日本中の人たちが、多少なりとも晴れやかな気持ちになれたのではないだろうか。

このような国際競技会では、国歌（national anthem）のことで云々されることはあまりないようだが、この国では卒業式シーズンにもなると、国歌を演奏する際にもめる学校がいまだにあるらしい。

どの国の国歌であろうと、式典で演奏されるときは起立して静聴するのがマナーというものだ。その成立の経緯や歌詞の内容は、まったく関係ない。将来の国際人となるべき日本人を育成する教育現場では、それくらいは理解してもらいたい。

一方、国歌を歌うことがどこの誰にとっても当然の慣習かといえば、これが必ずしもそうとは限らない。

広い世界には、国歌に歌詞がついていない国（スペイン）もあるそうだ。歌詞はついていても、国の体制が変わったのを境に歌われなくなったり、歌詞の一部を削除または変更したりして使っている国（ドイツやロシア）もある。

そもそも、歌うことに関しては、いろいろな意味で難しい面もある。フランスの「ラ・マルセイエーズ」（La Marseillaise）は革命歌が国歌になったものだが、今日では、歌詞の内容が過激すぎて子どもには不向きだという意見もあるらしい。米国の国歌「星条旗」（The Star-Spangled Banner）は独立戦争当時の戦場の光景を歌ったものだが、こちらは曲の音域が広すぎて、米国人でもうまく歌えない人がいるという。

オリンピックで表彰台の中央に上った選手を見ると、口を開いて歌っている人もいれば、ただ静聴している人もいるようだ（なお、厳密にいうと、五輪憲章には「選手団の歌」と規定されており、それが国歌とは限らない）。

国歌を歌うことを強制することなく、個人や集団の価値観の違いを尊重するのが、今日の民主主義先進国に相応しい態度なのかもしれない

Exit strategy　出口戦略

企業買収や投資の話を翻訳しているとよくお目にかかる言葉にexit strategyというのがある。手元の古い辞書には出ていないが、インターネットで検索すると「出口戦略」という訳語が最も広く定着しているようだ。投資関連でこの言葉が使われる場合は、買収事業や投資先から撤退するときに、最終利益を最大にする方法を考えておくことをいう。

インターネットで誰でも自由に編集・検索できる百科事典Wikipediaで調べてみたら、この言葉をわかりやすく次のように定義していた。

An exit strategy is a means of escaping one's current situation, typically an unfavorable situation. An organization or individual without an exit strategy may be in a quagmire.（出口戦略とは、普通は好ましくない現状から脱出する方法をいう。出口戦略を持たない組織や個人は、泥沼に陥ることがある…）

どうやらこの言葉、ベトナム戦争が泥沼化した当時の米国で、すでに政治的・軍事的な意味で使われていたようだ。昔から見慣れた日本語でいえば、「撤退のシナリオ」ということだ。withdrawal（撤退）という直接的な言葉を避けてexit（出口）を使っているのは、一種の婉曲表現（euphemism）かもしれない。

組織のリーダーは、何か新しいものを始めるときは威勢がいい。大きな箱物を作ったり新たな事業を始めたりするところまでは得意満面だ。しかし、いざ採算が取れなくなったとき、またはそれが予見されたときに、それを「止める」決断がなかなかできない。財政が傾き、それを始めたトップ本人が引退するころにはもう後の祭り。

今日望まれるリーダーとは、何かを始める意欲に溢れた野心家ではなく、やらなくてもよいことを止める勇気を持った思慮深い人物かもしれない。

The Upper House　参議院（上院）

参議院議員選挙が近づくたびに思うのだが、この国の参議院の存在意義は、いったいどこにあるのだろう。

参議院の英語の正式名称はthe House of Councillors（米語の綴りはCouncilors）というそうだ。もっとも、この名前は海外ではわかりにくいのか、英文報道ではよくthe Upper House（上院）と言い換えられている。これに対して、衆議院はthe House of

Representatives（またはthe Lower House＝下院）という。

上院（第二院）の成り立ちや機能は、国によって異なる。たとえば米国連邦議会の上院（the Senate）は、合衆国を構成する50州に議席が平等に（2議席ずつ）割り当てられており、各州の代表で構成する院としての性格が強い。一方、日本の戦前の貴族院は、英国の上院などと同様に、国の功労者や有識者で構成されていた。

しかし、参議院はそのどちらでもない。原則として人口比例で議席配分された選挙区と、政党の候補者名簿による比例代表区の選出議員で構成されている。当然、議会の構成も衆議院と似たものになる。これでは「衆議院のカーボンコピー」などと揶揄する声が出るのも当然だ。参議院から衆議院に鞍替えしたがる議員がいるのは、参議院議員としての誇りや使命感を持てないからではないか。

憲法の規定を読むと、参議院には衆議院解散中のバックアップ機能も期待されているようだ。しかし、第二院がなければ民主主義を保証できないこともあるまい。一院制の民主主義国はざらにあるし、この国の地方議会にしても一院制だ。

もし日本国憲法を改正する必要があるなら、その機会にひとつ、従来の二院制（two-chamber systemまたはbicameral system）も見直してみてはどうだろうか。

もちろん、参議院をただちに廃止して一院制に移行するだけが選択肢ではない。伝統的な地域代表でもなく、党内政治にも左右されず、従来とは違った角度から民意を反映しながら、高い見識を持つ代表者で第二院を構成する画期的な仕組みはできないものか。第一院との役割分担や独特な審議・採決プロセスを考えてみてもいいと思う。

参議院がthe Upper Houseの英語名に相応しい、誇り高き第二院に脱皮すれば、国民の期待や関心もぐっと高まるに違いない。

Food miles　フードマイレージ

最近は国内外で環境問題に対する関心がずいぶん高まっているようだが、その訴え方がどうもピンと来ないことがよくある。

たとえば最近、やたらとCO_2（二酸化炭素）排出量（carbon dioxide emission）を減らせと、かまびすしくいわれている。CO_2を減らすと環境に良いことはわかるが、家庭で消費する電力からレジ袋まで何でもかんでもCO_2排出量に換算してとやかくいわれると、いささか辟易してしまう。

CO_2排出量を減らすことがそんなにいいというのなら、あちらこちらに空港やLCC

（low-cost carrier、格安航空会社）を増やして定期航空路を新設したり、近場でも作れるような農産物をわざわざ外国から輸入する現代の傾向は、これと真っ向から矛盾している。大型航空機が大量のCO_2排出を続けている一方で、私のような一般消費者の家電製品のたかが豆電球程度の待機電力まで槍玉に挙げてチマチマと省エネを呼びかけられるのは、どうも腑に落ちない。

CO_2という目に見えないものを指標に使うよりも、たとえば各世帯の電気代がいくら安くなるとか、都市部の年間平均気温が何度下がるとか、もう少し生活実感と結びついた目安を示したほうが、私のような凡人にはわかりやすい。

欧州あたりでは、生産地から消費地までの食糧の輸送距離に重量をかけたフードマイレージ（food miles）という数値を指標として表示することで、なるべく近い産地の農産物を使うように推奨する動きがあるそうだ。もちろん結果的にCO_2排出量を削減できるのだろうが、こういう形にしたほうが実感としてわかりやすいし、身土不二とか地産地消といって地場産を尊ぶこの国本来の食文化にも通じるところがあって受け入れやすい。

最近は特に外国産の農産物や加工食品に不安を感じる私は、口に入れるものはできる限り国産品を買うようにしている。私自身は海外から仕事を受けているのに、飛行機に乗って現地に行ったことは一度もなく、すべてパソコンとインターネットで済ませている。自動車なんか最初から持っていないから、買物に行くときはいつも自転車か徒歩だ。環境問題に冷淡のようでありながら、実は私のような貧乏人こそが、いちばん環境に優しい生活をしているのではないだろうか。

Imagine　想像してみよう

In this present crisis, government is not the solution to our problem; government is the problem.（現在のこの危機にあって、政府は私たちの問題の解決策にはならない。政府そのものが問題なのだ）―ロナルド・レーガン

領土をめぐる隣国とのいざこざを見ているうちに、かつてのレーガン米大統領が放ったこの有名な一節がふと頭をよぎった。この問題について国家間の緊張をもたらした最大の原因が当事国の政府、特に政治家の判断や言動にあることは、まず間違いない。そのことは、ちょっと想像すれば（imagine）容易にわかる。

想像してみよう。わが領海に侵入した隣国の漁船が海上保安庁（Japan Coast Guard）の巡視船に体当たりしてきたとき、その船長の釈放を隣国の政府が声高に要求することな

く、穏便に処理するように内々に頼んでいたら、それで済んだ話ではないか。

想像してみよう。その事件の映像をこの国の政府がことさらに国民の目から隠すことなくさっさと公開していたら、その映像の公開や暴露をめぐって、マスコミも国民もあれほど大騒ぎしなかったのではないか。

想像してみよう。隣国の大統領が、普通だったら行くこともない絶海の孤島にわざわざ飛んでテレビカメラの前でパフォーマンスをしていなければ、それまで良好な関係にあった両国国民の間に険悪な雰囲気をもたらすことはなかったのではないか。

想像してみよう。他県の無人島を首都の知事が買い取ると言い出して寄付金を集めたり、内閣がそれを横から買い取って国有化を宣言したりしていなければ、両国の一般市民は、そんな島々をめぐる不和や対立を思い出すこともなかったのではないか。

想像してみよう。隣国の政府が民衆のデモを—その実態は暴徒による破壊と略奪(destruction and loot)であったが—容認または誘導するような姿勢を示していなかったら、現地企業に莫大な損害をもたらすこともなく、両国間の経済活動や文化交流はこれまで通り盛んに行われているのではないか。

私は無政府主義者(anarchist)ではないし、政府の役割を軽んじるつもりも毛頭ない。だが、領土をめぐるいざこざに関する限り、いずれの政府も問題の解決より拡大に向かう傾向を危惧している。これはおそらく政治固有の欠陥であって、いつの世にもしばしば敵対行為（hostilities）や戦争（war）の直接的な原因となる。

当事国の政府関係者や政治家には、領土問題についてはしばらく口をつぐんでもらいたい。双方の国民に生じた不信や反感は消えて、波風が収まることだろう。

Green　環境に優しい

都内のビル陰にある拙宅は、窓を開けても風があまり通らない。少しくらい風があっても、熱風だから不快だ。結局、窓を閉め切ってエアコンと扇風機をフル稼働させるしかない。熱気が排出される屋外はますます蒸し暑くなるが、そんなことを気にしていたら仕事にならない。

あるプレスリリースを翻訳していたら、green urbanismという言葉が出てきた。「緑の都市計画」という直訳もあるが、もっと広い意味で「環境に優しい街づくり」のことらしい。

この数年、「環境に優しい」（environmentally friendlyまたはeco-friendly）という意味

のgreenという形容詞を組み合わせた言葉をよく見かけるようになった。green building（環境に優しい建物）、green package（グリーンパッケージ＝環境対応パッケージ）、green design（環境に配慮した設計）など多くの例がある（緑化とは関係のない文脈で使われることも多いので、私は「緑の〜」とは訳さないようにしている）。

話を東京に戻そう。特に汐留や品川の再開発で高層ビル群が建ってからというもの、それが巨大な壁となって東京湾からの海風を遮断しているようだ。それがいわゆるヒートアイランド現象に拍車をかけているという。21世紀に相応しい、環境に配慮した街づくりという視点で見る限り、東京はうまくいっているようには見えない。

ついでに、資源の節約についてひとこと言わせてもらいたい。レジ袋（plastic bags）の有料化、古紙・ペットボトル・家電製品等のリサイクルの手間やコストを消費者に負担させるこのご時世に、新聞の折り込みチラシには相変わらず、高級紙がふんだんに使われている。中にはご丁寧にもポリ袋に入ってくるものさえある。この種の贅沢な宣伝は、もはや時代錯誤的な資源の浪費にしか見えない。

国民に省エネ・省資源（energy and resource saving）を呼びかける一方で、環境問題への取り組みにおいてどこか浮薄な態度を政府や企業から見せられると、こちらもいささかやる気が失せてしまう。

為政者もクールビズとかいう怪しげな和製英語を振りかざして悦に入るのではなく、きちんと襟を正して、国や社会として長期的に推進すべき効果的な環境政策を示してほしいものだ。

Green wall　緑の壁／カーテン

園芸が趣味ではない家内が、ゴーヤーの苗とネットを買ってきた。エアコンをなるべく使わない節電方法としてテレビの情報番組で最近よく紹介されている「緑のカーテン」を作るという。ところが、いつまでたっても一向に始める気配がない。気の短い私が「そんなにのんびりしていたら、葉が茂る頃にはもう夏が終わっているんじゃないか！」と怒り出したのでようやく動き出したが、結局、高いところにネットを張る作業などは、家内以上に園芸に無知な私がやる羽目になった。

夏はうだるように暑くなるわが家の2階のベランダの窓の外側に、縦横1間、網目10㎝のネットをほぼ垂直にピンと張り、土を多めに入れたゴーヤーの鉢をその下に並べた。植えたのはすでに6月下旬だったが、うまくいけば本格的に暑くなる7月下旬には、窓を覆うくらいに伸びるという。陽射しを遮るだけでなく、葉から水分が蒸散して室温の上昇を防ぐらしい。

仕事柄ふと「緑のカーテン」が英語でどう呼ばれているのか気になって、例によってインターネットで調べてみた。日本のウェブサイトではそのままgreen curtainと直訳している例が多かったが、国内の英字紙などはカッコ（" "）付きで使っている。もともと植物を遮光または断熱目的の「カーテン」として使う習慣が一般的に行われていないこともあって、海外ではあまり定着していないのかもしれない。

あれこれ検索してみると、壁面に這わせた植物や垂直に配列したプランターも含めた広い意味でgreen wallやwall gardenという英語がよく使われている。門外漢の私は知らなかったが、日本語でも「緑の壁」と呼んでいる人が多い。専門用語では「壁面緑化」というらしい。

夏場に自宅で手軽にできる節電対策には、昔ながらのすだれや断熱シートのほうが即効性はありそうだ。かつて私の家では屋内に厚いカーテンをかけていたが、これだと壁や窓が熱せられるため効果が上がらないことに気づいた。どうやら遮光・断熱用の覆いを窓の外に少し離して張るといいらしい。それによって、壁や窓との隙間を風が通り、効果的に熱が放散される。

「緑のカーテン」が一過性のブームに終わるのか、それとも、その言葉とともに私たちの日常生活に定着するかどうかはまだわからないが、この国の暑くて長い夏を楽しみながら乗り切る工夫のひとつにはなりそうだ。

Be prepared　そなえよつねに

自然災害（natural disaster）が起こるたびにいつも思うのは、平時から備えることの大切さだ。最近では多くの企業がコンティンジェンシープラン（contingency plan、緊急時対応計画）を作成しているそうだが、各家庭でも保存食（non-perishable food）や飲料水（potable water）等の備蓄、救急箱（first-aid kit）の常備と点検、避難経路（evacuation route）の確認などを日頃から怠らないようにしたい。

そう書きながら我が身を振り返ってみたら、非常時に備えてどのような備えをしておくべきかということを、学校や職場で習った記憶があまりない。避難訓練（evacuation drill）で非常階段を降りては戻ってきたり、消火器（fire extinguisher）を使った消火訓練をやらされたりしたことはあっても、包帯や三角巾を使ったケガ人の応急処置とか、非常食の準備や食べ方については、知識として習ったことも実際に練習したこともない。

一方、生活が便利になったせいか、ふと周囲を見渡すと、田舎の実家には常備してあった道具が東京の家にはない。地震で歪んで開かなくなったドアをこじ開けるためのバールの類はおろか、水が出たときに履く長靴でさえ、すぐに使えるものが見当たらない。我ながら、はなはだ心もとない限りだ。

昨今の災害の多さを見るにつけても、様々な非常事態への備え（emergency preparedness）を、学校や職場、あるいは地域社会で学ぶ機会がもっとあってもいいと思う。特に、広い地域全体が被災する大地震のような災害が起こると、救援の手が届くまでに時間がかかりそうだ。防犯対策でも何でもそうだが、家族や住民の手でできることは自分たちでできるようにしておくことが、社会の安全にとって喫緊の課題ではないか。

ボーイスカウトの標語に「そなえよつねに」というのがある。Be prepared（準備しておけ）という英語（Get preparedともいう）を訳したものらしいが、簡潔で良いフレーズだ。この国や自治体も、住民の防災意識を高め、非常事態への備えをさらに促す政策を進めてはどうだろうか。

Ethics　倫理

近年、とかく世間を騒がせた食品偽装事件には、賞味期限（best before）に神経質な私もいろいろと思うところがあった。

気になったのは、釈明のために行われた一部の企業の記者会見に虚偽の説明があったことだ。ただ一度の誤りであれば、真摯に謝罪することで立ち直ることもできようが、二度も三度も嘘の上塗りがあると、その企業ブランドに対する信用の回復は決定的に難しくなってしまう。

不祥事の釈明会見でよく口にされる「今後はコンプライアンスに留意し云々」というコメントも印象が悪い。コンプライアンス（compliance）とはもともと「法令等を守ること」という意味だから、言わずもがなのことだ。まるで「法律を守らなければならないとは知りませんでした」といわんばかりのコメントを出すようでは、世間に名が通った会社として恥ずかしい。

もちろん、大きな組織になればなるほど、社内制度としてのコンプライアンスを確立する必要に迫られよう。米国の企業がやっているように、役員や従業員に書面で法令遵守を誓約させ、不正を発見した場合の通報先や内部告発者に対する報復の禁止を明文化することは、必ずしも無意味ではない。もっとも、経営者自身やそれに近い幹部が悪いことと知りながら長年にわたって不正を続けてきた企業なら、形ばかりの制度を作ったところで、結果は同じかもしれない。

米国の企業の社内規定を見ると、「コンプライアンス」の前に「倫理（ethics）」という言葉がついていることが多い。「誠実さ（integrity）」こそが最大の企業価値のひとつだと従業員に説いている会社もある。

そもそも倫理は法令遵守の精神と同様、個人だろうと法人だろうと当然持つべきものなのに、現代人にはそれほどまでに欠けているのだろうか。

不正が露見した企業の幹部がその罪を従業員になすりつけ、または社内規定や管理体制の不備などの問題にすり替えて言い訳する姿は見苦しく、かえって消費者の反感を買う。不正の発覚は企業にとって最大の危機なのだから、経営トップが自ら責任の所在を明らかにして、再発防止を世間に誓うべきだろう。そのような姿勢をいち早く示せる企業ほど、より早く社会の信用を取り戻すことができそうだ。

Water landing　着水

2009年のとある日の朝、いつものようにパソコンをつけてニュースを見たら「旅客機がニューヨーク・ハドソン川に墜落」という見出しが目に飛び込んできた。またも多数の犠牲者が出たかと暗い気持ちになったのも束の間、続報で乗員乗客が全員救助されたと知って、何かと暗いニュースが多いこの頃にしては珍しく明るい気持ちになれた。

その続報の見出しでは「墜落」という文字が「不時着水」に変わっていた。双発旅客機のエンジンが離陸直後に両方とも停止したため、空港への着陸は無理と判断した機長が、川への不時着水を敢行したという。

英文で読んだ記事の中で「着水」はwater landingと書いてあった（英語のlandingは「着地、着陸」に限らず「着水」の意味でも使われる）。この機会に改めてインターネットの百科事典Wikipediaで調べてみたところ、water landingは「水中への墜落」（crash landing into water）の婉曲表現として使う場合もあるらしい。もちろん、今回のように「遭難時に飛行を制御して意図的に着水させる」（an intentional water landing during distress, but under controlled flight）という意味もあり、こちらはditching（不時着水）ともいうと説明してある。

このように言葉の微妙な意味や使い方の違いまで書いてあるWikipediaは、本当に便利だ。昨日起こったばかりの今回の事故についてもすでに記事に追加されていたのには驚いた。これもインターネットならではの利点だろう。

さて、その記事を読むと、不時着水は自家用機や軍用機ではときどきあるが、このような旅客機では珍しいという。ニューヨークのような密集した都市の上空で起きた事故で犠牲者をひとりも出さずに済んだのは、橋がかかっていない大きな川が真下にあったことも幸いしたが、経験豊富な機長の適切な判断と高度な技術が大きな役割を果たしたことは間違いない。事故発生後わずか数分で現場に急行して救助にあたったフェリーボートや消防当局も称賛された。

これらの要因を奇跡とか僥倖《ぎょうこう》といってしまえばそれまでだが、そのような緊急事態にあって果断なリーダーシップや機敏な行動力を発揮できる人々を擁する米国の社会の底力には、改めて感じ入るものがあった。

Nepotism　身内びいき、縁故主義

あれは選挙対策だったのか。いわゆる世襲候補を制限しようという各政党の議論は、何となく竜頭蛇尾に終わってしまったようだ。

この「世襲候補」を英語で何と呼んでいるか気になって、例によってインターネットで検索してみた。国内の英字新聞などはhereditary candidatesと直訳していたが、この言葉は海外ではあまり使われていないようだ。そもそも、公職の候補者（candidate）の多くが世襲（heredity）で選ばれていること自体、不思議な話だ。封建社会の名残を今も受け継ぐ日本の政治風土が生み出した因習だろうか。

このように身内（縁者）を優先的に登用することを、より一般的な英語ではnepotism（ネポティズム、身内びいき、縁故主義）という。改めて調べてみたところ、その昔、ローマ教皇が甥（nephew）を後継者にしたり、その便宜を図ったりしたことに由来する言葉だという。ちなみに、友人や取り巻きをえこひいきで重用することを、英語ではcronyism（クロニズム）という。

民主主義を標榜《ひょうぼう》する政体では、平等かつ公正な選挙で公職者を選ぶことが建前になって

いる。しかし、それはあくまで制度上の話だ。だいたい、定職や家庭を犠牲にしてまで政治家を志すことは、常人には不可能に近い。地盤を持つ政治家や裕福な資産家の子弟、あるいは著名人でもない限り、選挙に出馬して国会議員や地方自治体の首長を目指すのは、人手や資金の面から見ても難しい。

政治家の子弟が政治家を目指すこと自体は、必ずしも悪いことだとは思わない。むしろ、ノブレス・オブリージュ（noblesse oblige）の意識を持つように教育された私心のないエリートの子弟のほうが、名誉欲や権力欲に駆られて政治家に転身しようとする野心家よりは、公職に向いていると思う。政治家の子弟という理由で制限を受けるのは、法の下の平等に反する。

要するに、これは制度そのものではなく、運用上の問題なのだ。政治家の子弟でも有能な者、人望の厚い者なら候補者に選び、逆に経験も能力もない者は縁故者であっても選考から外すという適切な判断ができる政党を選択すればいい。有権者がそのような政党や候補者を選べないとしたら、その国の政治は所詮、その程度のレベルだとあきらめるしかない。

良くも悪くも、民主主義とはそういうものなのだ。

Civilized　民度が高い

インターネットの掲示板などでは、日本や近隣諸国の民度の高低を云々する書き込みをときどき見かける。中には他国の人々に対する「○○人は民度が低い」という侮言もあるようだ。民族差別に敏感なマスメディアでは、ほとんど語られない部分だろう。

何をもって「民度が高い」とするかは、定義の仕方によって変わってくる。手元の辞書を見るとa high standard of living（高い生活水準）と説明しているものがある。しかし、最近よくいわれる民度は、物質的な生活水準ではなく、精神的な文化水準、市民の倫理観、社会の成熟度などを意味しているようだ。だとすれば、英語ではcivilized（文明化された、礼儀正しい）という形容詞が意味としては近い。

かつて物質文化で西洋に遅れをとった近代以降の日本人の一部には、欧米諸国に対する劣等感、他のアジア諸国に対しては妙な優越感があって、それが今でも残っているらしい。民度の高さが語られるのも、そのようなコンプレックスの裏返しかもしれない。

国によって民度の高低を一概に決めつけるのは愚かな固定観念といえばそうだろうが、「日本人は～」とか「○○人は～」とつい言いたくなるのは、人の本性だろう。そういう私自身も、家人の前では「○○人はすぐに嘘をつく」などと言ってしまう。政治家の失言を笑えたものではない。

物質文化では押しも押されぬ世界の一等国となったこの国も、政治面では民度の低さを憂う声が少なくない。政治的な課題が山積しているのに、欧米の民主主義諸国のように民意を反映した政権交代がなかなか起こらない上に、与党候補者への安易な相乗りや世襲議員が多いことも、国民の間に政治的な閉塞感をもたらしている。

一方で、選挙区に地縁も地盤もなければ組織的な背景もない優秀な候補者を擁立し、政権交代を目指す動きが現れていることは、この国の民主政治の進歩にとって喜ぶべき傾向といえよう。もちろん、新しければ何でもいいというものではないが、これまで事実上ひとつしかなかった選択肢が複数に増えることは、少なくとも良い兆候ではある。

この国の将来を真剣に考えるのであれば、数少ない機会を活かして、政治面でも民度の高さを示したいものだ。

Breaking news　ニュース速報

テレビのニュース番組で、「たったいま入ったニュースです」というから耳をそばだてていたら、私にはどうでもいい芸能人の不祥事であったり、前日にすでにインターネットで読んでいたニュースであったりすることが最近やたらと多い。この現象はどうやらこの国に限ったことではないようで、米国の放送局のウェブサイトを見ても、Breaking NewsとかNews Alertという赤文字の見出しがよく躍っている。

もちろん、人によっては関心のあるニュースもあるだろう。しかし、たとえそうだとしても、番組の放送中にわざわざチャイムを鳴らして伝えたり、「たったいま」と言いながら他のニュースに先んじて流したりする必要性があまり感じられないものが多い。意地の悪い見方をすれば、少しでも視聴者の関心を引こうという小ざかしい演出のようにも見える。これでは、テレビというメディアの信頼性をますます失わせることになりかねない。

インターネットであれこれ見ていたら、この種のニュース速報を「臨時ニュース」と混同している例が散見されたが、その多くは誤用と思われる。どこかで聞いた説によると、臨時ニュースという言葉は、開戦や元首の逝去などを伝えるニュースにしか使わないものらしい。

物心がついたころにはすでに家にテレビがあった私の記憶にはないが、テレビの草創期には、定時のニュース以外に「速報」と称して字幕でニュースを流すことは、今ほどなかったのではないか。テレビ報道の役割がそれだけ大きくなったのかもしれないが、公共の電波を使って伝える価値があるとも思えないニュースもずいぶん増えた。

今なら、ニュースを知りたければ、インターネットや地デジ対応テレビを使えばいつでも見られるのだから、テレビ局もそろそろニュース速報の発表基準を見直してはどうか。大災害や著名人の逝去なら速報する必要もあろうが、芸能やスポーツ関係のニュースはともより、容疑者の逮捕とか裁判の判決なども、無関係の人々が一刻を争って知る必要はないだろう。その類のニュースは、定時のニュース番組の枠内で流せばいい。「狼が来た」と騒いで回る子どものように速報を乱発していると、そのうち誰からも相手にされなくなるかもしれない。

Anticlimax　期待外れの結果

プロ野球の両リーグで2位と3位の球団が「クライマックスシリーズ」と称するポストシーズン試合（postseason game）で逆転して日本シリーズに進出する可能性を残す今の方式は、非常に奇異に思えてならない。

確かに、ペナントレース後にそれとは別の短期決戦を仕組めば、新たな盛り上がりが期待できるのかもしれない。各リーグで優勝が決まった後も2位・3位争いが白熱するし、多くの野球ファンが球場に足を運ぶ。ビジネスとして考えるなら、それもありだ。

しかし、ペナントレースを制覇できなかった球団が、わずか数試合で逆転して「日本一」になる可能性を生み出す現行の仕組みは、どうも奇妙だ。少なくとも、私の価値観にはそぐわない。半年余りにわたって続く長いリーグ戦を制するために監督や選手など球団関係者が積み重ねてきた努力、そしてそれをずっと応援してきたファンの熱い思いに水をさすことにはならないか。

もっとも、スポーツといってもプロである以上、それは一種の興行に過ぎない。そう考えると、熱心なファンでもない私が、そう熱くなることもあるまい。この世の中には、不条理なルールなどいくらでもある。

プロスポーツは所詮興行と割り切るなら、大相撲も、国技だから云々というこだわりはほどほどにしたい。かつて優勝を決めた朝青龍関が土俵上でガッツポーズ（victory pose）をしたと叱責されていたが、私はむしろ、あの姿にモンゴル人ならでは素直な感情の露出を見て、微笑ましく感じた。いくら礼節のスポーツとはいえ、思わず出てしまう感情表現にまで「日本的」な流儀を押しつけるのはいかがなものか。これほど外国人力士に頼っているのだから、少しくらいは大目に見たいものだ。

もちろん、何にせよ有終の美を望むのもまた日本人の美意識だ。どこか期待外れの結果(anticlimax)に終わってしまうと、一抹の寂しさを覚える。

Philanthropy　慈善活動

景気の低迷のせいか、最近は企業の慈善活動(corporate philanthropy)に関する記事をひところほど見なくなったような気がする。それでも、年末が近づくにつれ、そのようなプレスリリースを翻訳する機会がままある。

米国のある航空会社は、社員に呼びかけて古毛布を集め、アフガニスタンの首都、カブールの孤児院に寄贈した、と発表した。現地の駐在員が社長に送ったメールがきっかけで始められたこのプログラムでは、厳しい冬の寒さから孤児たちを守るために、世界各地で働く社員が一千枚以上の毛布を集めたという。それを輸送する飛行機の燃料代くらいは会社が負担したのだろうが、それを除けば金銭的な負担を伴うことなく、社長自らが社員に呼びかけて社会貢献の機会を提供したとは、なかなか良い話だと感心した。

また、ハワイの新聞社から配信されてきた記事によると、この経済情勢にもかかわらず、現地では社会貢献活動への寄付が去年と比べてそれほど減っていないという。吝嗇家《りんしょく》の私なんか、少し収入が減っただけでも、数百円の募金すら出し惜しみしてしまうのに、立派なものだ。

日本と外国とでは、社会参加のあり方や宗教心の違いもあるだろう。それでも、このようなニュースを聞くと、どこかほっとする。お金がなければないなりに、自分以上に困っている人たちに救いの手を差し伸べる博愛精神を持っている人々や団体は、それだけで尊敬される。

かつて私が仕えていたソニー創業者の井深大氏（故人）はたしか、会社の経営が苦しいときでも慈善活動は続けるという信念を持っておられた。もちろん、基本的に右肩上がりの成長を続けていた当時と今日では、企業の経営環境は大きく違う。それでも、あまり金をかけずに企業ができる社会貢献は、工夫次第で可能だろう。それによって、企業イメージだけでなく、社員の士気も高まるに違いない。

日本人は、その謙虚な性格のせいか、自分の善行をやたらと吹聴しないようだが、少しくらいは宣伝してもいいのではないか。しつこい売り込みに比べたら、その類のニュースは歓迎されるはずだ。メルマガ、動画投稿サイト、最近流行のTwitterなどの情報発信手段もうまく活用して、会社や社員の「ちょっといい話」や有用な情報を流すといい。

金を使うよりもむしろ手間暇をかけてやったほうが、好感を持たれるだろう。

Asteroid Explorer　小惑星探査機

2010年6月、小惑星探査機（Asteroid Explorer）「はやぶさ」の帰還を、多くの日本人が固唾《かたず》を呑んで見守っていた。かくいう私もそのひとりだ。実はその前日まで、「はやぶさ」が帰還することなどすっかり忘れていた私だが、「はやぶさ」がたどった困難な道程について、当日の午後になってインターネットで読み、にわかに胸を躍らせていた。

無人の宇宙探査機(unmanned space probe)にこれほど感じ入るとは、我ながら意外だった。おそらく、SFドラマやアニメをテレビで見て育った私やその前後の世代には、艱難《かんなん》辛苦《しんく》の末に宇宙での任務を達成して地球にたどり着き、流れ星となって消えた「はやぶさ」の最期の姿が心の琴線に触れたのだろう。光跡を描きながら夜空を堕ちていく「はやぶさ」の映像をあとで見た私も、思わず目頭が熱くなった。

「はやぶさ」は帰還の直前、まるで残った力を振り絞るかのように、地球の写真を撮影した。

そのような必要はなかっただろうが、地上の管制員の粋な計らいがあったようだ。その写真は、まるで涙で霞んでいるようにも見えた。

「はやぶさ」は幾度も故障を重ねながら、二重、三重のバックアップ方法を考えていた開発陣の工夫と努力が奏功し、当初の予定より3年遅れて、打ち上げから7年後に戻ってきた。小惑星イトカワの砂が入っていると期待されているカプセルの回収にも成功した。満身創痍で地球にたどり着いた「はやぶさ」がカプセルを分離して、オーストラリアの着陸予定地点に正確に落とした高度な技術には、驚嘆を禁じえない。

もうひとつ感心したのは、ＪＡＸＡ（Japan Aerospace Exploration Agency, 宇宙航空研究開発機構）がインターネットを使って、情報をわかりやすく発信してきたことだ。無人の探査機を擬人化したツイッターアカウントもあるので、子供だけでなく、私のように宇宙開発技術に無知な大人にも親しみやすい。残念ながら、帰還時のインターネット中継映像は途切れ途切れにしか見られなかったが、このような配慮のおかげで、多くの人々とリアルタイムで感動を分かち合いながら技術開発への思いを新たにすることができたのは、とてもすばらしい体験だった。

この「はやぶさ」帰還劇は、日本の技術史上画期的な出来事として、末永く長く語り継がれそうだ。

Favorability　好感度

米国の民主、共和両党の大統領候補に対する好感度調査（favorability rating）によると、あのオバマ大統領に対する好感度が50%を割ったという。意外といえば意外だが、有権者の意識は、案外そういうものかもしれない。

米国にもまして二大政党の違いが曖昧で、マニフェストに書いてある公約と実際の政策が大きく異なり、政治的争点（political issues）が明確になりにくいこの国の場合、議員や党首に対して好感が持てるかどうかは、選挙の結果を大きく左右する重大な要因のひとつであることは間違いない。

私自身に関しては、特にこの数年、支持不支持はともかく、主要政党の党首に対して好感を持った記憶がない。その原因を考えてみたが、テレビやインターネットを通して映される彼らの話しぶり、その発する言葉にほとんど共感できないからだろう。

その言い草ときたら、円高については「推移を慎重に見守る」、領土紛争については「毅然たる態度を取る」といった常套句（hackneyed phrase）ばかりで、政治家としての信念（political belief）も、ここぞという聞かせどころ（sound bite）も機知（wit）も、ほとんど見られない。政府の中枢にある人なら言葉尻を捉えられないように発言に慎重になるのもわかるが、それにしても、もう少し何とかならないものか。

テレビ等で見て、自分の言葉で相手によく伝わる話し方ができる政治家は、私の記憶に残る範囲では、かつての小泉純一郎首相が最後である。現役の政治家にはほとんどいない。小泉氏の発言にはやんちゃなところもあったが、普通の市民感覚を持った私たちによく伝わるものがあった。少なくとも、政治家としての信念に基づいて行動していることは見て取れたし、その点においては好感が持てた。

この国には、実務経験に乏しく、親の地盤をそのまま継いだか、政治塾の類で純粋培養された国会議員が少なくない。若いうちから政治家を志すことは必ずしも悪くはないと思うが、その反面、永田町、つまり狭い業界内のコミュニケーションスタイルに慣れきってしまい、昔の政治家の劣化コピーのような人材しか育っていないように思えてならない。

昔の政治家は失言も多かったが、数々の修羅場を潜り抜けてきただけに、ここぞという場面で底力を発揮できる人がいたように思う。今の優等生的な政治家は、失言は少なくても、人の心に訴えて共感を得られるような話術や気迫に欠ける感がある。

政権を担うべき二大政党への支持が伸びていないとしたら、そのあたりに彼らの限界が見えてしまっているからではないだろうか。

Empty shelves　空の棚

東日本大震災について書いておきたいことは山ほどあるが、東京で地震に遭った自分の身近な経験からひとつ書かせていただく。

このような大災害の発生直後に一時的な物不足が発生することは、私にも容易に察しがついた。実際、店頭在庫があまりなさそうな単１・単２電池やカセットコンロのガスボンベなどは、すぐに見かけなくなった。

東日本の広い地域を襲った地震と津波によって工場や倉庫が大きな被害を受け、それに停電も重なって、一部商品の生産が停滞し始めた。近くのスーパーではまずパンが、次いで牛乳やヨーグルトの棚が空になった。不思議なことに、それでもケーキや寿司や果物などは潤沢に並んでいた。今日の物質的な豊かさを改めて実感した。

食べ物が何もないわけではないから、あわてることはない。私は牛乳の代わりにチーズと安物のワインを買った。私と家族を気遣ってお見舞いのメールをくれた海外の知人への返事にそう書いたら、向こうも安心してくれたようだ。

しかし一時、浄水場から放射性ヨウ素が検出されたというニュースが伝わると、今度はペットボトル飲料水（bottled water）が店頭から消えた。子供が多い郊外のスーパーは水を買い急ぐ（rush to buy）人々で溢れかえっているという母親の悲痛な叫びをツイッターで読んだ。

これらの現象をすべて利己的な消費者による買いだめ（hoarding, panic buying）のせいと咎めるのは、酷ではないかと思う。未曾有の電力危機や原発事故の恐怖に怯える東日本の住民も、その意味では被災者なのだから、少しくらいは大目に見てほしい。

同じ商品を何点も買い漁る光景は、この界隈では見かけなかった。店でもいち早く、ひとり一点までなどと品薄商品の販売制限を始めたのが奏功したようで、空だった棚にもやがて商品が並び始めた。日本人は危機にあっても冷静だと海外から称賛された理由も、どうやらそのへんにありそうだ。

中には、必要のないものまで買ってしまう消費者もいただろう。わざわざ車で遠くの県まで買い出しに行った人がいるという話も聞いた。それが事実なら、私も遺憾に思う。

そもそも、このような非常時に備えた備蓄は、平時にやっておくべきことだ。非常時には、社会の一員としてそれとは違った行動が求められる。今回の震災体験から私たちが学ぶべきことは少なくない。

Opportunity to thank　感謝の機会

２０１１年3月11日に東北・関東の太平洋沿岸一帯を襲った大震災の発生直後から、諸外国の政府、各種団体、大勢の人々から物心両面にわたる様々な支援がこの国に寄せられた。

世界各国はただちに救助隊を派遣し、救援物資を送ってくれた。原発事故によってエネルギー危機が懸念されるこの国に対していち早く原油やＬＮＧの提供、ガスタービン発電設備の貸与を決め、あるいは、原発事故対策に必要な技術や人員の提供を申し出てくれた諸国の政府。様々な機会に幾度となくチャリティを開催して巨額の義援金を集めた有名・無名の人々。その中には貧しい人々もいるという。「がんばれ、日本。がんばれ、東北」という日本語の大見出しを一面トップに掲げた海外の新聞。日本人への励ましのメッセージを動画投稿サイトYouTubeに載せた老若男女。世界中の人々から寄せられた支援の手と温かい気持ちを思い出すたびに、私は涙があふれて止まらない。

この国の最大の同盟国である米国は、軍の強力な機動力を活かして「トモダチ作戦」(Operation Tomodachi) を展開した。津波でめちゃめちゃになった仙台空港に真っ先に乗り込んで滑走路を復旧し、学校の校庭の瓦礫《がれき》を片付け、長期間にわたって行方不明者の捜索に力を尽くしてくれた。いくら同盟国のよしみとはいえ、これは破格の計らいであろう。

当時の米国のルース駐日大使は、ツイッター（@AmbassadorRoos）で必要な情報を発信するかたわら、私たち日本人を励ました。国内在住のある著名な米国人（@dave_spector）は軽い冗談で日本人の気持ちをほぐし、またある人（@DanielKahl）は自ら被災地に物資を届けるとともに、その安全に関する情報を英語で伝えて日本に対する外国人の不安を取り除こうとした。公人の場合はこれも仕事のひとつなのだろうが、絶望と失意のうちにある私たちに声をかけてくれた外国人の皆さんには本当に頭が下がる思いだ。

諸外国の励ましと支援に対して、日本政府は感謝を表す新聞広告やテレビＣＭを出したり、在外公館で感謝の集いを開いたりしたという。今後も引き続き、関係者の叙勲や表彰も含めて最大限の配慮を願いたい。

このような謝意の表明は政府だけに任せるのではなく、私たち日本人ひとりひとりが言葉に表したい。海外との関係が深い読者の方々にもぜひ、折に触れて感謝を表して（take every opportunity to thank～）いただけると有り難い。

Overreaction　過剰反応

東日本大震災の発生後から国内の報道で「風評被害」という言葉をよく聞くようになった。この「風評」を英語で何というかと思って手元の辞書を引いてみたら、harmful rumor（有害な噂）または単にrumorとある。

言葉のプロの端くれからあえて言わせてもらうと、この日本語の濫用にはいまひとつ納得が行かない。問題ははたして「風評」にあるのか。インターネットで改めて検索してみたが、この種の被害の原因をやたらと風評に求めるのは、どうやら日本国内に特有の現象のようだ。

震災発生直後にチェーンメールなどの形で一部にデマ（false rumor）が飛び交ったのは確かだ。私もそのような情報をツイッターで見かけた。だが、その類のデマは、政府・報道機関や良識あるインターネットユーザーによってただちに打ち消され、実際に風評被害を引き起こすようなことはほとんどなかったと思う。

問題の根源は、風評よりもむしろ、主に原発事故に関する情報の不足、ならびに情報を客観的に理解するための知識の欠如にあるのではないかと私は考える。

たとえば、福島第一原発でメルトダウン（meltdown、炉心溶融）が起こっていたという事実が発表されたのは、事故の発生から2ヵ月も経ってからだ。時間がかなり経ってから発表されたところで、私たち一般人がそれをどう受け止め、どう対応すればいいのか、当惑するばかりだ。

政府などの関係者の尽力もあって、インターネットも活用した積極的な情報開示が前よりは進んでいる。とはいえ、作物から放射性物質が何ベクレル検出されたとか、ただちに健康に影響はないと聞かされても、私のように無知な者は、実際のところどれほど深刻な問題なのか、それとも心配無用なのかよくわからない。テレビに出てくる解説者の表情や言い方によっても印象は大きく異なる。情報が次々と入ってきてもうまく消化できない私などは、むしろ不安を感じてしまう。

あらぬ偏見が国内で生じているとしたら、情報への不信や不安が引き起こした過剰反応（overreaction）によるところが大きい。その種の二次的被害を防ぐには、必要かつ十分な情報を適切に伝えていくしかない。

情報を発信する責任のある人々にとっては、それは長く厳しい道程かもしれない。しかし、この国やその安全に対する信頼を回復するためには、けっして避けて通れない道なのだ。

Aftermath　余波

東日本を襲った電力危機に際して、わが家でも節電（electricity saving）に協力しようという意識が生まれた。

真っ先に使わなくなったのは、1階と2階にひとつずつある電気ポットだ。つねに湯を沸かしておく必要はないので、誰が言い出すともなく、ガスで沸かして魔法瓶に入れておく昔のやり方に戻した。たまにお茶を飲むくらいなら、これで不便は感じない。

仕事部屋の照明は、古い蛍光管を外して、仕事中につけるのは20ワット管1本だけにした。最近は何を読むのも書くのもほとんどパソコンの画面上でやっているので、手元のキーボードが見える程度の明るさがあれば十分だ。紙の印刷物を読むときだけ電気スタンドをつければいい。

近頃のパソコンは、もともと消費電力が低い上に、最初から省電力モードに設定されている。5分ほど用を足して戻るともうディスプレイが消え、10分後にはスリープモードに入る。以前のパソコンは起動状態に復帰するのに時間がかかったためにこの種の設定を敬遠していたが、今のはほぼ瞬時に立ち上がるので問題ない。パソコンにワンセグチューナーをつければ、その画面でテレビも見られる。

ざっと計算してみると、これだけで１００ワット時は節電できたことになる。１日12時間×30日として１ヵ月で36キロワット時（kWh）、電気代にして８００円ほど浮く計算になる。さらに夏場は、なるべく扇風機を使うとともに、老朽化したエアコン１台を節電効果の高いものに取り換えた。

昔の東京ならおそらく、扇風機や打ち水だけで何とか夏の暑さをしのげただろう。しかし、ここ数年の猛暑に加えて、再開発地域に林立する超高層ビル群が海風の流れを妨げてヒートアイランド現象が進んだ今の東京は、エアコンなしでは屋内でも熱中症を起こしか

ねない、住みにくい都市になってしまった。

それも、原発があれば電力に事欠くことはないと安易に考えた都会人の慢心が招いた結果だろうか。だが、原発にはもう期待できない。再生可能エネルギー（renewable energy）の本格的な普及には時間がかかる。となれば、私たちはできる限り電力を使わずに生活し、緑と土の多いかつての家や町の姿を取り戻したほうがいい。

未曾有の大震災が残した大きな余波（aftermath）は、私たちの暮らし方をも変えつつある。

Poll　世論調査

大学時代に学んだ政治過程論の研究対象のひとつに世論（public opinion）がある。マスコミの世論調査（public [opinion] poll／survey、または単にpoll）の結果を聞くたびに、ゼミの内田満先生（故人）が、「世論調査の結果は当てにならんのだよ」とこぼしていたのを思い出す。

私の記憶が正しければ、その原因のひとつは、回答者が格好の良い答えを選んでしまうことにある。たとえば、「次回の選挙には必ず行く」と答える人の割合が高くても、実際の投票率はそれほど高くならない。投票は有権者の義務だと意識している人が、調査員から「投票に行くか」と聞かれてつい「行く」と答えてしまう気持ちも、わからないでもない。

私も社会に出てから一度、某紙の世論調査の電話を受けたことがあった。興味もあって答え始めたはいいが、質問と回答の選択肢の羅列が延々と続いた挙句、適当な答えがないのには閉口した。たとえば、支持理由のひとつに「人柄が信頼できる」とあったが、会ったことも話したこともない首相の人柄なんか、私にはわからない。マスコミの人物評にしても、しばらくしたらどうせ変わってしまう。

「ほかの内閣より良さそうだから」という支持理由に至っては、ますます意味不明だ。「ほかの内閣」とはどの範囲を指すのか。支持率が低迷していた前任者よりは当然、よく見えるだろうし、歴代の首相や他の実力者が率いる内閣と比較すれば、見劣りするかもしれない。かくして私の回答は、他の理由とともにおそらく「わからない・不明」に入れられただろう。

支持理由の選択肢に、たとえば首相が「自分と同郷だから」「高校・大学の同窓だから」「友人・知人が応援しているから」などがあってもよさそうなものだ。首相や閣僚の顔や声、話し方が好き／嫌いだから、という生理的な理由による支持／不支持もあると思うのだが、このような選択肢は最初から用意されていない。これらの本音は、世論調査には反映させないことになっているのだろう。

そもそも、発足直後で実績のない首相とその内閣に対して支持か不支持かと聞かれても、私には答えられない。期待をもって見たいのはやまやまだが、すぐに支持を表明するほど確信も持てない。

Local mascot　ご当地キャラ

札幌に帰省すると、東京では見かけない着ぐるみのマスコットキャラクター（costume mascot [character]）がイベントを盛り立てている姿をテレビで見かける。このようなマスコットキャラクターは、私が子供の時分には、遊園地を歩き回って愛嬌を振りまくもの（walkabout or meetable character ＝歩き回る／会えるキャラクター）くらいしかいなかったように思う。しかし、今日「ご当地キャラ」（local mascot）などと呼ばれる各地のマスコットキャラクターは、地域振興を図る地方自治体や商店街が商品化するなど活躍の場が広がっている。

この種のキャラクターはよく「ゆるキャラ」とも呼ばれている。私自身も最近ではむしろそう呼ぶことが多い。ただし、ゆるキャラのほうは、地方発祥のマスコットキャラクターとは限らない。財政多難な折に公費でそういうものを作ることの是非はともかくとして、国（中央官庁）、場合によっては大企業のＰＲ用マスコットの中にも、ゆるキャラと呼ばれるものがいるらしい。ゆるキャラに共通している特徴は、かわいいというよりも、どこかぎこちなくユーモラスなその所作だろう。なお、ゆるキャラという言葉は、みうらじゅん氏が発案したものであり、同氏が商標登録しているという。

マスコットキャラクターは本来、身振り手振りを使うだけで無口なものとばかり思っていたが、この国のゆるキャラには、ツイッターなどのソーシャルネットワーキングサービス（ＳＮＳ）を使って他のゆるキャラやファンと交流しているものも多い。全国各地のゆるキャラが一堂に会する「ゆるキャラさみっと」なる大会まで開催されているようだ。動物でも何でも擬人化してしまうあたりは、愛すべきわが国民性の現れだろうか。

愛らしいゆるキャラたちの活動は、留まるところを知らない。最近では人々に向かって自己主張し出すものも現れている。北海道のとある町では、役場から委託を受けてＰＲ業者が運営していたゆるキャラが突然、政治的な発言をツイッターに投稿して物議を醸した。

脱原発を訴えるゆるキャラもいる。彼はツイッターで持論を繰り広げるだけでなく、自ら本を出版し、抗議デモやイベントに参加するなど積極的に活動している。彼のツイッターでの発言を読んでみたが、ひょうひょうとした語り口の随所に見られる鋭いメッセージ性には、私も少なからず感じ入るところがあった。

下手なタレントや政治家よりも強い集客力やメッセージ発信力を持つゆるキャラが、にわかに人々の注目を集める。これもまたこの国ならではの風潮というか、文化なのかもしれない。

Differentiation　差別化

日本の家電メーカー、特にテレビ事業の苦戦が伝えられている。海外のライバルメーカー（competitor）の著しい成長に加え、地デジ化移行後の反動によってテレビが売れなくなったことも大きな原因らしい。

市場が飽和しつつある現在、安くしても売れないのは当然かもしれない。デジタル製品は、器用さに依存するアナログ製品とは違って、メーカー間の技術力の差がつきにくい。

かつてRCA、GEといった米国の有名家電メーカーをテレビ市場から駆逐した日本企業が、今度は追われる立場になったことに歴史の皮肉を感じずにはいられない。

ソニー在勤中、短期間ではあったが海外向けのテレビ広告を担当した私の経験でいうと、テレビという商品は差別化（differentiation）が難しい。多機能やデザイン性をうたってみても、テレビで重視されるのは結局、画質の良し悪しだ。私がその仕事に関わっていた1980年代はまだ、ソニー独自のトリニトロン（Trinitron）ブラウン管（CRT）とブランド力の優位は明白だった。ソニー製品、特に日本製のそれは、海外市場で飛ぶように売れた。輸入制限のためソニー製品が手に入りにくい国々から某国に買い出しに来た多数の運び屋が、税関で長蛇の列を成しているという話も聞いた。

もちろん、大画面ハイビジョンテレビが標準となった今日では、画質の差はわかりにくい。液晶ディスプレイのような基幹部品まで海外メーカーから調達した製品がごく普通に見られる現状では、私以上の世代の人間ならおそらく今でも重視するであろうMade in Japanという日本製品最大のセールスポイントも、その神通力を失いつつある。

デジタルテレビ製品の差別化はもはや不可能なのか。私は画質以外の部分に物足りなさを感じる。ザッピング（zapping、番組がCMに入るとチャンネルを切り替える行動）が多い私には、アナログテレビに比べて反応が遅いのが気になる。番組表を画面に表示できるのはいいが、その間は家族がテレビを見られない。使ってみれば意外に役に立つ機能があるかもしれないのに、設定メニューが複雑で、どこにどのような機能があるかすぐにわからない。そのどれかひとつでも解決した製品があれば、少なくとも私の目には魅力的に映る。もしかしたらそういう製品も出ているのかもしれないが、それを差別化のポイントとして訴えなければ、その存在に気づかない。

カラーテレビが普及し始めた時代、某メーカーが「(スイッチを)ポンと押すとパッとつく」と訴求して成功した。テレビが好きな年配の消費者が相手なら、その一点突破的な発想は今でも通用するような気がする。

I'm honored　光栄に思う

２０１４年にロシアのソチで開催されたオリンピック冬季大会(the 2014 Winter Olympics in Sochi)は、私にも多くの感動を与えてくれた。

過去の五輪では、必ずしも良い結果を出せなかった若い選手が、オリンピックを楽しめたなどと発言したのを咎めた関係者がいたように記憶している。今回は十代の選手が相次いでメダルを取ったおかげか、その類の小言はほとんど聞こえてこなかった。もとより、選手本人が正直に述べた感想について、他人が四の五の言う筋合いのものでもあるまい。今回はむしろ、インタビューに応じた選手の率直な受け答えが好印象を残した。うれしい、悔しいといった今の気持ちだけでなく、応援してくれた周囲への感謝の念から今後に向けた決意まで、余すところなく表明できるそのコミュニケーション能力は、十代ですでに数々の国際舞台を踏んできた選手の豊富な経験の賜物だろうか。

特に、男子フィギュアスケート競技で日本人初の金メダルに輝いた羽生結弦選手のさわやかな弁舌には舌を巻いた。優勝した直後の興奮冷めやらぬ状況にありながら、試合中の自分の心理状態を客観的に語っていたあたりは、さすが超一流のアスリートだ。さらに、テレビのインタビューの限られた時間で、ロシアのプルシェンコ選手について言及した羽生選手が、つねに自分の目標であった彼と今回の五輪で同じ舞台に立てたことを光栄に思う、と述べていたのも立派だった。個人戦では身体の不調のため惜しくも棄権し、引退を表明した第一人者への敬意を表すことを忘れなかった羽生選手は、リンクの中だけでなく、その外でもすでに世界トップレベルのアスリートの域に達したようだ。

一方、そのプルシェンコ選手のほうも、ツイッターで"My idol's Yuzuru Hanyu! Well done, boy!!! Hanyu is genius."（僕のアイドルは羽生結弦。よくやったね！　羽生は天才だ）と、新たな覇者にエールを送っていたのには好感が持てた。このつぶやきは、本人（@EvgeniPlushenko）がロシア語で投稿したのを、彼の発言や関連ニュースを配信している英文広報アカウント（@PlushenkoNews）が英訳して伝えたものだ。プルシェンコ選手の公式サイトを見ると、映像やプレスリリースはもちろん、投稿用掲示板までひと通り揃っている。彼ほどの有名選手ともなると、個人でもかくも広報体制が充実しているのかとこれまた感心した。

今後の五輪に向けて、若い選手が練習や競技に専念できるようにするためにも、周囲の大人は彼らのコミュニケーションのあり方について叱ったりたしなめたりするのではなく、適切な助言や支援を提供していくことが大切ではないかと思う。

Anti-Japanese sentiment　反日感情

終戦記念日の前後にテレビで放送された番組で、終戦直後にかつての満州国（現在の中国東北部）や朝鮮半島北部から帰国する手段を失い、非業の死を遂げた日本人の開拓移民がそれぞれ数万人にも上ったという話を耳にした。命からがら帰国できた人々が自らの悲惨な体験をあまり話したがらないこともあって、当時の歴史はこれまで闇に包まれてきたようだ。

私の祖父は終戦から数年間、シベリアに抑留されていた。その当時の話を祖父母から聞いた記憶が私にはない。その事実を母から聞いたのはずっと後年のことだ。幼少期の私に祖父母が戦時中のことを話さなかった理由が、今になって少しわかったような気がする。祖父が鬼籍に入って久しい今ではその過酷な体験を知る由もないが、たとえ存命であっても、忌まわしい思い出を振り返らせるような真似は私にはできない。

当時の帝国主義列強の指導者は、自国民を含む一般民衆を犠牲にした。だから、隣国の政府や戦争を知らない若い世代を含む人々が、半世紀以上も前の戦時下の災難をことさらに喧伝して日本人だけを非難するのを見聞きすると、いい気持ちはしないし、それどころか反感さえ覚える。この国の無言の大衆（silent majority）がそれについて無関心を装っているのは、いわば大人の対応というべきだろう。

この問題の背景にあるのは、民衆の反日感情（anti-Japanese sentiment）を執拗に煽り続ける隣国の政治家やマスコミだと私は見ている。外国への反感や敵意を助長するのは、国内の不満を外に向けようとする権力者が取る常套《じょうとう》手段である。かつては多くの国々でこの種の情報操作が行われていた。非民主的な独裁政権が情報を統制している国ならまだしも、言論の自由が保証された健全な情報化社会で暮らす市民であれば、民族主義的な歴史認識からいったん離れて、隣国との関係をもう少し冷静に考えてほしいものだ。

戦争の教訓を忘れないことはもちろん大切だし、戦後の日本人はその反省に立って平和主義を実践してきた。世界の大多数の国々はそれを理解し、この国との友好協力関係を増進させている。やみくもに民衆の被害者意識を煽り、日本に対するいわれなき中傷や挑発行為を繰り返している一部の隣国でも、今日の国際社会にもっと相応しい建設的で未来志向の考え方ができるといいと思う。

戦争中、私たちの父祖である一般人にまで残虐な行為を働いた旧敵国に対して否定的な感情を抱くことなく育った私は、幸せなのかもしれない。偏狭な民族感情や歴史観を私に植え付けなかった祖父母とその世代の人々に感謝したい。

Aversion　嫌悪感

年のせいか、多少気難しくなっている自分に気づくことがある。ある種の漫画のキャラクターとか、犯罪集団の元首領の醜悪な顔とかがテレビの画面いっぱいに映し出されたり、番組の出演者やスタッフの下品な笑い声が止まなかったりすると、何とも言いようのない嫌悪感（aversion）に襲われ、チャンネルを変えてしまう。自分だけでなく家内が嫌いな映像に対しても同様に対処している。

近頃では公共放送までもが同じ番組宣伝スポットを執拗に繰り返し、嫌いな絵を何度も見せつけられるのには辟易している。番組自体は見なければいいが、番組の合間やニュースを称するバラエティ番組の最中に突然出てくる番宣はどうにも始末に悪い。

正しいかどうか、良いか悪いかという問題ではないだけに、この種の嫌悪感は理屈では解消できない。正誤や良し悪しの問題なら訂正や改善を求める余地もあろうが、自分が嫌いという理由だけで咎めるのも気が引ける。

最近公開された人気アニメーション映画に喫煙場面が何度も出てくることが問題視されたそうだ。これも、喫煙している姿を未成年者に見せることに対する教育上の配慮よりも、非喫煙者に与える生理的な不快感の問題ではないかと思う。私も煙草の煙や吸殻は見るのも嫌なので、そういう人々の気持ちはよくわかる。

インターネットへの悪口雑言の投稿は、声なき民衆による嫌悪感の発露だろう。嫌悪を表明するのは人の自由だが、反感や憎悪はまた別の嫌悪を呼び、それが行き過ぎると、偏見（prejudice）や差別（discrimination）を助長しかねない。何であれ、公開の場であるインターネットへの投稿には節度と自制が求められる。

テレビや映画に出てくる映像、ツイッターなどのＳＮＳに投稿された文字情報や画像は、見るのが嫌なら何とか避けることもできる。しかし、屋外の人目につきやすい場所にある人工の造作物になると、そうもいかない。私自身は、自分が住んでいるこの街に珍妙なモニュメントが鎮座していないことを幸いに思う。東日本大震災の津波で打ち上げられた船をそのまま保存しようという意見があったが、結局、見るたびに過酷な被災経験を思い出して辛いという住民の声に応えて船主が撤去を決めたのは、実にまっとうな判断だった。

かつては同質性が高い（homogeneous）と見られていたこの国の社会でも、今では価値観が多様化している。将来は社会的、民族的にも様々な背景を持つ人々がますます増えるだろう。たとえ一部ではあっても、他人に不快感を与える可能性があるものを公共の場で露出させないような配慮を望みたい。

Expected role　期待される役割

最近の若者は…と愚痴るほど私も年を取ったかと思いつつ、たまに外で見かける若者の不可思議な言動にはびっくりすることがある。

　あれは、入院中の義母を家内と見舞いに行った帰りに立ち寄った洋食店でのことだった。注文を取りに来た若い店員に、家内がメニューを見ながら「これ、どういうものですか?」と聞いたところ、彼はひとことこうつぶやいた。

「ぼく、食べたことがないのでわかりません。」

　その突拍子もない返答に、家内と私は、狐につままれたかのように顔を見合わせた。私はふと、家内が間違って隣席の客にでも聞いたのかと思ったが、注文伝票と鉛筆を手にしている彼は間違いなく店員だった。次に、もしかしたら下手な冗談かとも思ったが、彼は照れ笑いを浮かべるでもなく無表情で注文を待っていた。

　おそらくアルバイトであろう店員が、メニューの全品を説明できることまでは私も期待していない。だが、店員として接客する以上、何とか言い繕おうとするとか、正直に「申し訳ありません。存じませんので、聞いてまいります」くらい言うとかできないものか。

　その体験は例外的なものと思っていたら、ここ最近、店員が店内で食材の上に寝そべったり冷蔵庫に入ったりしている写真をツイッターに投稿して（post a picture to Twitter）問題になっているという報道をよく耳にする。従業員の責任を自覚していないどころか、人としてやってはいけないことも知らずに働いている若者が増えているらしい。もちろん、若者の圧倒的多数は社会人としての良識を持っていると思うし、そう信じたい。

一部の若者の非常識や非行を、本人や親の教育のせいにするのは簡単だが、そのような若者を安易に雇って食べ物を扱わせたり接客させたりするような店の経営者や管理者もどうかと思う。これはまた別の飲食店で体験したことだが、伝票と一緒に置かれたアンケート用紙に、今後のサービス改善の参考にしたいと書いてあるのに、苦情や要望の記入欄がなく、代わりに「最も輝いていたスタッフの名前を書いてください」「スタッフに激励の言葉をどうぞ」とあったのには閉口した。これではサービス改善の役に立つわけがあるまい。

自分の立場や役割を忘れた不謹慎な言動は、何も若者に限った話でなく、私よりも上のある世代の人々にも見られる。その世代が育った時代や環境の所以《ゆえん》だろうか。

今日のこの国の教育に喫緊に求められているのは、英語教育の早期化や理数系科目の強化よりも、市民または社会人として期待される役割をきちんと理解し、実践できる良識ある大人の育成ではないかとつくづく思う。

第3章

ネットとデジタル化

Anonymous Coward　名無しさん

いまやすっかり社会の公器となったインターネットで、良くも悪くも大きな役割を果たすようになったのが匿名掲示板である。

この種の電子掲示板（BBS＝bulletin board service）では、かつてのパソコン通信の時代から、ハンドル（handle）という仮名（pseudonym）を使って書き込む習慣が定着していたが、不特定多数の人々が自由に利用できるインターネットの普及に伴って、その匿名性（anonymity）はさらに強くなっている。

この種の掲示板への書き込み（投稿、posting）の多くが匿名によるものだ。巨大掲示板群「2ちゃんねる」の場合、匿名の投稿者は「名無しさん」などと表示される。Googleで検索してみたところ、これに相当する英語にAnonymous Coward（匿名の臆病者）というのがあった。こちらは海外のある掲示板の匿名投稿者につけられる名前に由来する言葉らしい。

具体的に調べたわけではないが、日本人は特に、匿名で投稿する傾向が強いようだ。海外では名前を書く人が比較的多いという。もっとも、無名の投稿者がJamesとかTaroなどと名乗ってみたところで、それほど意味があるようには思えない。偽名を使っているかもしれないし、それを確認する方法もない。

匿名掲示板といえば、無責任な主張や虚偽や誹謗中傷が渦巻く悪いイメージだけで捉える人がいるようだが、それは物事の一面に過ぎない。

たとえば、マスメディアがなかなか取り上げない問題に注目して世論を喚起することもある。２００６年に中古電気製品の流通を妨げると問題になったＰＳＥ表示の義務化に世間の関心を集める契機を作ったのは、おそらくはこの種の掲示板だった。一方、臆病なはずの「名無しさん」たちは、マスメディアが礼賛する人物や報道されない事実にも懐疑の目を向ける。まるでイナゴの大群が押し寄せるかのように、関係機関に次々と質問や苦情の電話をかけたり、当事者のブログにコメントをつけたりしては、これらを論破し屈服させる。

この種の匿名掲示板が持つ巨大な影響力を、既成のマスメディアは故意に過小評価（underestimate）しているようだ。しかし、利用者が一千万人を超えるともいわれる巨大掲示板は、マスメディアと並ぶ世論形成の手段に成長している。

Word of mouth　口コミ

なんでも、全世界のブログ（blogまたはweblog）の30％以上は日本語で書かれていて、この国は世界でも屈指のブログ大国なのだそうだ。国内のブログの総数は優に８００万を超えるという。この国の人々はそれほどまでに自分の意見や体験を人に伝えるのが好きだったのかと驚かされるが、これも時代の趨勢なのだろう。

そのブログブームを反映して、個人のブログを使った口コミ（word of mouth）による宣伝方法が注目されているそうだ。２００７年5月8日に放送されたＮＨＫのテレビ番組『クローズアップ現代』によると、米国にはすでにＷＯＭＭＡ（Word of Mouth Marketing Association、口コミマーケティング協会）という業界団体までできているという。一方、この国でも、企業から商品サンプルをタダでもらっては紹介記事を書く人気ブロガー（blogger、ブログの書き手）が、やたらともてはやされているらしい。

私のような古い発想の人間に言わせれば、口コミなどというものはそもそも、自然発生的に広がるからこそ、信じられるのだろう。作為的な口コミによるマーケティングは、逆に消費者の不信を招きそうだ。マスメディアを通さないパブリシティ（publicity）の一種と理解できなくもないが、記事と広告の区別は一応つけておかないと、あとで手痛いしっぺがえしを食らうかもしれない。

ステルスマーケティング（stealth marketing）という新語も耳にする。本当は企業に雇われた人が、宣伝と気づかれないように商品を見せたり薦めたりする方法らしい。つまり、俗にいう「サクラ」だ。映画『男はつらいよ』の寅さんもやっていたし、ソニーが1979年に初めて世に出したウォークマンの周知を図るために、社員に商品を持たせて歩行者天国を練り歩かせた先例もある。別に目新しいものではない。

ところが、インターネットの普及によって新たな情報発信者となった消費者を巻き込んで、このような「サクラ」が専門の業者の手で組織的に行われているようだ。企業によっては、安上がりな宣伝手段として飛びついてしまうかもしれない。

しかし、良いうわさや褒め言葉よりも、悪口や悪評のほうが早く伝わるのは世の常だ。「策士策に溺れる」ことのないように、よく気をつけたほうがいいだろう。

Review site　口コミサイト

批評（review）を書いて広く公表することは、かつてはごく一部の知識人か専門家の特権だった。しかし今日では、無名の一市民でもインターネットを使えば、電子掲示板（BBS）や口コミサイト（レビューサイト、review site）に本の読後感、家電製品などを使用した感想や評価を自由に書き込むことができる。

山とあるこれらの批評の中には、当然ながら、具体的な根拠に欠ける一面的な評価や中傷まがいの暴論もある。その一方で、業者が飲食店などから対価をもらって好意的な評価を書き込むなどのステルスマーケティング（stealth marketing）、つまりサクラ行為が問題になっている。口コミサイトの運営者は、あらゆる情報の適否をいちいちチェックしない。実に困ったことに、その真偽の如何にかかわらず、インターネットで飛び交っている情報を止めることは難しい。

私の場合、買ったものに強い不満があったら、まず製造元にメールを出すか、販売店の店員に言う。それを受けてかどうかは知らないが、しばらくすると商品が改良されていたことがこれまで2回ほどあった。きちんと対応してもらえば悪い気はしないし、その企業の商品は引き続き愛用している。

もちろん、苦情（complaint）を言っても慇懃《いんぎん》に謝られて終わってしまうこともあるだろう。場合によっては、そんなことを言われる筋合いはないといわんばかりに冷たくあしらわれるかもしれない。そこで不満を抱いた一部の消費者は、もう二度とその企業の商品を買わないか、家族や友人に愚痴るか、電子掲示板や口コミサイトに意見や感想をぶちまける。一方、買った製品やサービスにおおむね満足している大多数のユーザーは、わざわざインターネットで賛辞を送ることはしない。そう考えると、口コミサイトや掲示板に書いてある評価にはかなり偏りがありそうだ。

かつて家電メーカーに勤めていた私は、数ある苦情の中には誤解に基づくものや、何らかの悪意に基づく言いがかりもあることくらい、経験上知っている。それでも、消費者の意見や感想を丁重に承ることは、消費者向けの製品やサービスを手がける企業の義務だと思う。よく言われることだが、数ある苦情の中には、商品の改良や新商品の開発につながるヒントが隠されていることもある。

消費者のほうも、製品やサービスへの不満をいきなりネットにぶつけるのではなく、製造元や販売元にひとこと言ってみてはどうだろう。

Intuitive　直感的に使える

デジタル化が進む時代の趨勢についてはよく愚痴る私だが、デジタル化そのものが悪いとは別に思わない。問題は、機械それぞれの使い勝手（user experienceまたはuser friendliness）の悪さにある。消費者向けであっても、ユーザーの視点に立って設計されていない製品の多いこと、多いこと。

かつて家電メーカーの末席で仕事をしていた私は当時から思っていたが、あの業界には高性能（high performance）または多機能（multi-function）であればあるほど消費者が喜んで買うという妙な思い込みをしている人がいるのかもしれない。一般人にはよくわからない性能の高さを誇ってみたり、操作ボタンをやたらと増やしたりする。しかし、性能が高ければ高いほど価格も高くなるだろうし、不要な機能が増えれば増えるほど、本当に使いたい機能が見つかりにくくなりがちだ。

社会のデジタル化の先鋒ともいうべきパソコンは、最近では特にインターネットのブラウザーを通して操作する場合はずいぶん使いやすくなった。画面上にはそのつど必要なボタンや記入欄しか表示されないから、順を追って操作していけば結果にたどりつく。仮に間違って操作した場合でも、表示された説明に従って、ひとつ前からやり直すことができる。

海外メーカーの文書を和訳していると、まるで私のように機械が不得手な人間の気持ちを汲み取るかのように、interactive（対話的に使える）とかintuitive（直感的に使える）という売り文句をよく見かける。これらの形容詞はいずれも、機械を適当にいじりながら勘で使える特長を表している。

一方、最近の家電製品を見ると、どのボタンを押してどのモードに入ってからどのボタンを押すなどといった具合に、いちいち取扱説明書を参照しないと使えないものが多い。実際、最近買った音響製品のリモコンには無数のボタンと小さな文字がぎっしりとつまっていて、それを見ただけでは操作方法がさっぱりわからない。このような設計にすると低コストで作れるのかもしれないが、あれならむしろパソコンのほうがずっと使いやすいと思ってしまう。

私のような一般ユーザーに言わせれば、機械などというものは、使いやすくて壊れにくければ、それがいちばんありがたい。

Brick-and-mortar store　実在店舗

実物を見て納得してからでないと買わない主義だった私は、昔からどうも通信販売が好きになれない。私の子供時代の通信販売といえば、何やら怪しげなものを売っているというイメージが強かったせいもあるだろう。

ところが最近は、そういう私でさえオンラインショッピング（online shoppingまたはInternet shopping）を利用する機会が多くなった。

その最大の理由は、圧倒的な情報量の差にある。インターネットを使えば、価格の比較はおろか、製品の仕様（specifications）から消費者の口コミ（word of mouth）による評判まで、すぐに調べがつく。客の希望もろくに聞かずに売りたいものしか薦めない不遜な店員に聞くよりも、はるかに快適で効率的だ。在庫がないとかいわれて二度足を踏むこともない。

それどころか、昨今は実在店舗（brick-and-mortar store*）でさえ、インターネットを使ったほうが話が早い。過日、うちの猫が好んで食べるキャットフードが近所の量販店の棚になかったので、店員に「店頭に常時置いてもらえないか」と尋ねたところ、「お取り寄せになります」という。「毎月買うものだから、そのつど注文するのもお互いに面倒でしょう?」と私が言うと、「定番商品以外は棚に置けない」ときた。隣町の系列店でその商品を買ったことがある私は納得できず、そのことも書いて電子メールで本社のお客様相談窓口に要望を出したところ、翌日にはそこの店長から「近く入荷して棚に置きます」と電話がかかってきた。

相手に面と向かって言うと話がなかなか進まないのに、インターネットを使えばたちどころに解決するというのも妙な話だが、今はそういう世の中なのだろう。

しかし、このような傾向が続くと、人と人が顔を合わせて売り買いする習慣がだんだんすたれてしまいそうだ。現に私自身、日用品以外はほとんど実在店舗で買わなくなったし、この近所でも商店が減る一方だ。地域社会の活力を守るためにも、街角のお店はもう少し頑張ってほしい。

(注) brick-and-mortar store* インターネット上の仮想店舗 (virtual store) に対して、実在する店舗を英語でこういう。「brick (れんが) とmortar (モルタル) で造った」に由来する言葉と思われる。

Upgrade　アップグレード

困ったことに、すでに和製英語が普及しているか、またはもともと定義が曖昧なために、適切な日本語に置き換えにくい英語の言葉がある。私が前から戸惑いを感じている言葉のひとつがupgradeだ。

結論から言うと、ＩＴ（情報技術）関係の文章で使われている場合は、カタカナ語で「アップグレード（する）」と訳している。「強化する」「更新する」という意味も含まれるが、後述の理由から、この分野では誤解を招きやすい。

「（品質や等級を）上げる」という一般的な意味で使われる場合も、ちょっと悩ましい。この意味では「グレードアップ（する）」というカタカナ語がすでに定着している。英語で"grade up"とはいわないので、なるべく使いたくないのだが、手元にある国語辞典やカタカナ語辞典を見ると、和製英語と断りながら「グレードアップ」と出ている。最近はこの意味でも「アップグレード」を使う人が増えているが、まだ少数派のようだ。

upgradeと似た英語にupdateがある。これも一般には「更新する」と訳すところだが、ＩＴ関係の文章では「アップデート（する）」とそのままカタカナ語に訳している。

upgradeとの違いをはっきりさせるためだ。

たとえば、パソコンに入っているソフトウェアをupdateするといえば、だいたいは無償で提供される修正版（更新版）を入れることをいう。これに対して、upgradeは、ふつうは対価を払ってそのソフトウェアの拡張版（上級版）を入れることを意味する。ところが、この両者の定義はメーカーによっても微妙に違うらしい。「更新する」などと訳すと、原語ではupdate、upgradeのどちらなのかわからなくなってしまう。それぞれ「アップデート」「アップグレード」とカタカナ書きしておくのが最も無難な線だ。同様の理由で、「バージョンアップ」（だいたいはversion upgradeと同義）という和製英語も、私は使わないようにしている。

本物の英語とは異なる和製英語が、何でもかんでも悪いわけではない。すでに日本語として定着しているカタカナ語を、私のような一介の翻訳者が否定できるはずもないし、私自身も無意識のうちに使うことがある。

定義が曖昧な言葉は、書き手と読み手との間で、その定義をきちんと統一してから使いたい。

Social media　ソーシャルメディア

大都市の片隅に住みながら隠遁《いんとん》同然の生活を送っている私も時折、かつて勤めていた職場の同僚などから、忘年会、新年会やら同窓会やらに顔を出さないかと声をかけられることがある。このような便りをもらうと懐かしく、また有り難く感じるものの、生来の出不精に加えてこのところ貧乏性をこじらせていることもあって、そのつど丁重にお断りしている。

このように十数年も前に辞めた会社の仲間からすぐに連絡をもらえるのは、インターネットのおかげだ。相手が私の連絡先を持っていなくても、Googleに私の名前を入れるだけで、私のホームページを見つけて電子メールを出せる。ホームページのほか、趣味と仕事を兼ねて続けているブログを見て連絡をくれる人もいる。

一方、ここしばらくもてはやされていたツイッター（Twitter）などのソーシャルメディア（social media）には、正直なところ、ちょっと飽きてしまった。余人はいざ知らず、ネットであろうとリアルであろうと、そもそも人付き合いが良くない私には、この種のソーシャルメディアはあまり意味がないことがわかってきたからだ。ツイッターは、ニュースなどの情報を収集・発信したり、見知らぬ他人とちょっと世間話をしたりする以外には、私の役に立っていない。もちろん、それはそれで重宝している。しかし、また別のウェブサイトに自分の個人情報を入力する手間と危険を冒してまで、新たなソーシャルメディアを使い始めようという気にはなれない。

この種のサービスのユーザー数が何億に達したというニュースを耳にすることがあるが、あの数字にはいったいどれほどの意味があるのだろう。ツイッターでは、複数のメールアドレスを使えば同一人がいくつものアカウントを作ることができるし、使わないまま放置されているアカウントもかなり多い。さらに、同じ言葉を自動的に一定間隔で繰り返しつぶやかせることもできる。それもこれも含めてソーシャルメディアのユーザー数としてカウントしたところで、その利用実態を表しているとは思えない。

ソーシャルゲームというのもある。もともとゲームをほとんどしない私は、やってみようとしたことさえないのでよく知らないが、あの類の遊戯はそもそも、ソーシャル云々と呼べるような代物なのだろうか。私には、あれは単にコンピューターの代わりに、携帯電話の向こうにいる他人を相手にやるゲーム以上のものには見えない。

それはソーシャルと呼ぶに値するのか。それともソーシャルという言葉が、社交的・社会的な何かを表していた昔とは違った意味で使われているのか。私にはどうもよくわからない。

Sophisticated design　洗練されたデザイン

パソコンも携帯電話もなかった１９７０年代当時、中学生だった私が欲しかったものは、ＦＭ放送やテレビの音声を録音できるラジカセや短波放送が聞けるラジオだった。高いものだと当時の価格で数万円もしたこれらの製品は、男子中高生の垂涎《すいぜん》の的だった。

優れた性能もさることながら、これらの製品において特に魅力的だったのは、洗練された製品デザイン（sophisticated product design）だ。とりわけ、私が後年勤めることになったソニーの製品は群を抜いていた。かつて一世を風靡した製品シリーズのメーターやボタンが並んだ操作パネルの写真を見ると、今でもちょっとした興奮を覚える。黒いボディに銀色のボタンや白字の表示が浮かび上がって見えるこのような製品が、その後のＡＶ製品デザインの基調を形成したといってもいいだろう。

かつてメーカーで働いていた私は、今も家電製品に幾許《いくばく》かの関心があると自負してきたが、残念ながらそれも徐々に薄れてきた。すでに必需品となったパソコンまたは携帯電話をインターネットにつなげば、テレビやラジオの視聴はおろか買物もバンキングも済む時代になったせいだろうか。

もちろん、パソコンや携帯電話でもデザイン性はそこそこ重視されているだろう。だが、電源が入っていなければ、これらは所詮ただの箱だ。最近流行のスマートフォンやタブレットにしても、板にしか見えない。これらの製品の外観を見るだけで胸がときめくことはまずない。

外を走り回る自動車は家電製品にもまして外見が重要だ。ところが、最近はカッコいい車を欲しがる若者が減ったという。電車や飛行機の愛好者は増えても、その多くはこれらを写真や動画に撮って集めたり人に見せたりするだけで、生産や消費の拡大にはあまり結びつかない。

ツイッターで若い人のプロフィールやつぶやきを見ていると、投資や起業に関心があるという書き込みが目立つ反面、製品やものづくりに対する情熱がほとんど窺えない。今日の若者の多くが関心を抱くのは、お金や娯楽ではあっても、ものではない。市場がハードウェアからソフトウェア中心へと移行したことが、ものが売れなくなってきた大きな要因と思われる。

私たちは社会科の授業で、資源に乏しいこの国は戦後、加工貿易で生きる道を選んだと習った。家電製品のコモディティ化がますます進む一方、資源や市場をめぐる国際競争の激化、低価格化、デジタル化の進行によって、ものづくりの仕事やそれに意欲を感じる若者が減っているとしたら、この国はこの先、どちらに活路を見出せばいいのだろうか。

Wireless life　ワイヤレスな生活

わが家の隣に立っていた建物が解体されて更地になると、北風がまともに吹きつけるようになった陋《ろう》屋《おく》の2階の仕事部屋がますます寒くなった。電気料金が高くなって暖房費も惜しいので、無線LANルーター（wireless LAN router）を取り付け、ノートパソコンを持って1階の茶の間に避難することにした。

何かにつけ守旧派の私はかつて、インターネットは有線で十分、高い費用をかけてワイヤレス化することもないと決め込んでいたが、ネットショッピング派に転向したときと同様、これについてもあっさり宗旨替えした。無線LANルーターの価格はいまや2千円程度に下落し、その消費電力も微々たるものだ。家内や猫と一緒に茶の間のコタツで過ごせば、電気料金を大幅に節約することができる。家内のパソコンも含めて複数の機器を無線

ＬＡＮ接続する場合のセキュリティ対策の設定は、取扱説明書の記述が不十分だったこともあって少し手間取ったが、インターネットで調べた先達のアドバイスを参考にしたら、門外漢の私でも何とかできた。実際に使い始めると、実に便利なものだとわかった。

むっつり顔でコタツに足を突っ込んで仕事をする私に家内や猫たちはいささか迷惑そうだが、節電・節約という大義のためには我慢してもらうしかない。仕事に集中してしまえば、テレビの音は気にならない。

２階には仕事専用の固定電話（fixed phone）があって、以前はコードレス子機や留守番機能も使っていたが、それらが壊れたのを機に、ファックス専用にした。顧客や身内は

電子メールや携帯電話（mobile phone, cell phone）で連絡してくるし、固定電話にかかってくるのはどうせ迷惑な売り込み電話か間違い電話ばかりだ。固定電話のこの問題については、折あるごとに不満を訴え、某社の代理店と称するしつこい販売業者には直接抗議し、当局への通報などの対策まで取ったが、彼らは一向に懲りていないようなので、私の憎しみは固定電話そのものに向かった。電子メールにもスパム（spam、迷惑メール）の問題がないわけではないが、着信拒否や自動削除などの対策を自分で簡単に設定できるから、それほど苦には感じない。

実家の老母はパソコンこそ使っていないが、しばらく前に使い方を覚えた携帯電話でよく私と電子メールをやりとりするようになった。音声電話だと、特に話すこともないとか、相手が取り込んでいたら悪いなどと気兼ねして、ついかけそびれてしまうこともあるが、メールなら「今晩面白そうなテレビ番組があるよ」といった、たいして必要もないメッセージでも気軽に送って、今日もつつがなく暮らしていると安心できる。

ワイヤレスな生活、バンザイ！

Futile campaign　無駄な選挙運動

２０１３年の参議院議員通常選挙は初のネット選挙と騒ぐ向きが一部のマスコミにあったが、古参のネットユーザーを自認する私は、ＳＮＳの類を使った選挙運動には最初から期待していなかった。政党に所属する各候補者が選挙運動にインターネットを使うことにはほとんど意義を感じない。

その選挙では、ある野党の某比例区候補者はツイッターなどを使って選挙運動に臨んだものの、党内最下位に近い順位であえなく落選した。直前の総選挙でも都内の小選挙区から立候補していた彼の場合、衆参の選挙制度や選挙区の大小の違いはあるにせよ、そのときよりも獲得票数を大きく減らした。ネットでしか選挙運動をやらないと公言していた与党の某タレント候補も、やはり下位で落選した。少なくとも彼らの場合、初のネット選挙運動は徒労に終わっている。一方、全体の投票率は52・61％と前回の参院選を5ポイントも下回り、ネット選挙の解禁によって有権者全体の選挙への関心が高まった様子は窺えない。

組織力を誇る某与党は、最近よくビッグデータと呼ばれるネット上の大量のデータから有権者の関心事を分析し、選挙戦術の修正に使ったという。また、以前からよく組織化された某野党も、候補者がこぞってツイッターを使ったようだ。それらにしても選挙結果を大きく左右することはなかったようだが、その方面の定量的な分析については、専門家の継続的な調査を待ちたい。

一方、組織票を持たないある無所属候補は、この参院選では無党派層（independent voters）の取り込みに成功して当選した。もともと高い知名度を持つ彼の場合はネットを使わなくても当選した可能性はあるが、ネットが支持の輪を広げる上で有力な手段となったことは想像に難くないし、それは私も率直に認める。

一市民でもツイッターなどで候補者の支持を表明できることになったが、あとあとまで自分の投稿が残り、知らない人に検索されてしまうインターネットは怖い。賢明な有権者は、何のために投票の秘密が保証されているのかよく考えたほうがいい。そういうこともあって、私自身はおそらく今後もネットを使った選挙運動に与するつもりはないし、自慢話や連呼といった無意味な投稿を繰り返す候補者には背を向けるだけだ。

それでも、ネットがひとつのきっかけとなって若い人々の政治への関心が高まるとしたら、それに越したことはないとも思う。インターネットを民主主義の発展に役立てるのか、権力による情報操作を許すか、はたまた衆愚政治に陥るかは結局、国民次第だ。

Feature-packed　機能満載の

学生時代に読んだ星新一のショートショートに「万能スパイ用品」という名作があった。ある秘密諜報部員が、武器にも使える万能のカメラを上司から手渡されるところから始まる話だが、結末がわかってしまうと面白くないので、これ以上は書かない。

カメラにもなればテレビも映るという家内の携帯電話をいじっていたら、その寓話をふと思い出した。機種によっては電子マネー（mobile money）の支払いまでできるという。もちろんあの「万能スパイ用品」のように武器にこそならないが、これぞまさしく機能満載、英語でいうところのfeature-packedな製品であろう。

しかし、あれこれ試してみたが、どうも気に入らない。電話としての使い勝手が十分に追求されていないように思えてならない。

まず、その折りたたみの形状。電話が鳴るたびにいちいち開く手間がかかる。持って歩くのには良いのかもしれないが、開くと薄っぺらで、私の手にはなじまない。液晶画面の部分を耳に押し当てるのにも違和感を覚える。以前家内が持っていた厚みのあるトランシーバー型の携帯電話や、昔のコードレス電話の受話器（handset）のような流線形のフォルムのほうが、私にはしっくりする。

振動で着信を知らせるマナーモードも物足りない。男性が上着のポケットに入れるならともかく、ハンドバックに入れて持ち歩く女性なら着信に気づかないだろう。外で他人に迷惑をかけないようにするには、その方法しかないのか。そうは思えない。着信音(ringtone)を鳴らさずに着信に気づかせる工夫は、他にもあるはずだ。

考えてみたら、現代の携帯電話では、電話本来の使い方はあまり重要ではないのかもしれない。家内の使い方を見ていると、通話料がバカ高い音声通話ではなくて、電子メールのやりとりのほうがずっと多い。生活時間帯が様々に異なる現代人にとっては、そのほうがお互いに迷惑にならないのだろう。

だが、一日中家にいる私の場合、電子メールなら慣れたパソコンのほうが楽に使える。どれほど機能を満載した最新のハイテク製品も、私にとってはどうやら無用の長物らしい。

Bundling　セット販売

マーケティング関連の文書で見かけるbundlingまたはbundle sale（バンドリング、バンドル販売）という英語を辞書で引くと「抱き合わせ販売」という訳語が出ていることがあるが、その使い方にはちょっと気をつける必要がある。

「抱き合わせ」という売り方は、法的にも道義的にも好ましいものではないはずだ。一般には、消費者が欲しくない製品やサービスを売れ筋の商品と一緒にして売ることをこう呼ぶ。そのようにやましいものなら「抱き合わせ」といえるが、売る側が適正だと考えている販売方法をそう呼ぶのはおかしい（ちなみに、この種のやましい売り方を、英語ではtie-in saleというようだ）。

だとすれば、bundlingを良い意味の日本語では何というのか。まとめて買うことを強制しない、つまり単品でも買える売り方という意味であれば、「セット販売」と呼ぶのが無難だろう。ＩＴ業界などでは「バンドル販売」または「バンドリング」というカタカナ語も使われている。

そういえば最近、パソコンやインターネット、電話、ケーブルテレビなどの製品やサービスに若干の割引を適用して、これらをまとめて売り込んでいる企業があるようだ。

一方、先日家内が買った携帯電話には、使いたくもないオプションサービスがやたらと設定されていた。購入時に「要らない」といっても、それをつけるのが割引適用の条件というしばりがあって断れない。家に帰ってからインターネットで不要なオプション契約を片っ端から解除する手間が余計にかかった。

その呼び方がどうあれ、このような売り方をされると、要らないものまでつかまされるようで、私はどうも好きになれない。

この国の大企業はかつて、消費者にもっと親切だったように思う。不勉強な消費者でも無駄な出費をしないように、何かと気を配ってくれた。だが最近は、消費者が自分でよく気をつけて契約内容を熟知しておかないと、気づかないうちに出費が重なるという警戒心がどうしても働いてしまう。

企業が利益追求を目的とする組織である以上、少しでも付加価値をつけて売り込みたいという考え方は理解できる。しかし、目先の利益を図ろうとする意図が見え隠れすればするほど、消費者の好感や購買意欲はそがれてしまうだろう。

Where am I?　ここはどこ？

ツイッターを見ていたら、自分が今いる場所をのべつまくなしにつぶやいている人がいた。スマートフォンはもとより、従来型の携帯電話（いわゆるガラケー＝ガラパゴス携帯）

でさえ通話と電子メール以外には使わない私には無縁だが、ＧＰＳ（Global Positioning System＝全地球測位システム）で測定した自分の現在地を自動的に知らせるサービスがある。この技術を使った各種の位置情報サービス（ＬＢＳ＝location-based service）の開発、実用化が進んでいるという。

交際相手や配偶者のスマートフォンに専用のアプリ（アプリケーション）を仕込むと、その人が移動した経路を自動的に地図に表示するサービスもあるそうだ。行動に何らやましいところのない私には毒にも薬にもならないが、人によっては思わぬトラブルや家庭不和を招きはしないか。

だいたい、企業が業務目的で使うならいざ知らず、個人が自分の所在地を誰かにつねに知らせることに、いったいどれほどの利点があるのだろう。自分がいつ、どこにいるかという情報は大切なプライバシーであり、それをインターネットで記録、公開するとはずいぶん大胆なものだ。たとえば、ストーカーのように悪意を持つ人間に自分の位置情報を悪用されるおそれを感じないのだろうか。

もちろん、有用な使い方もあるだろう。たとえば山で遭難したとき、あるいは酔っぱらって夜道に迷ったとき、本人はどこにいるかわからなくても、携帯電話から自動的に発信される位置情報によって誰かが救助に来たり（携帯電話がつながれば、の話だが）、タクシーが迎えに来てくれたりするのかもしれない。それでも、山にも行かなければ外で酒を飲むこともほとんどなく、自分がどこにいるか（where I am）だいたいわかっている私には、利用価値はなさそうだ。

もっとも、この種のサービスを使わなくても、位置情報を故意に晒すことによって人を危険に陥れる可能性は至る所にある。米大統領専用機の飛行計画を管制官がブログに載せて問題になったが、私は、来日中の大統領がいつどこに来るなどと、この国の国会議員が得意気にツイッターに書いていたのを見たことがある。

かつては偵察衛星や工作員でも使わなければ得られなかった様々な位置情報が、ＧＰＳと携帯電話によって誰でも簡単に利用できる今日、それを使って新たなサービスを提供するのも悪用するのも、結局は人間次第だろう。

位置情報に関するプライバシーや安全への配慮を、個々人ならびに社会全体でもっと真剣に考える必要があると思う。

Addiction　中毒

「宗教は人民のアヘンである」というマルクスの有名な言葉ではないが、携帯電話などを使ったいわゆるソーシャルゲームにはまるゲーム中毒者（game addict）が増えているという。その中でも、射幸心を煽る「コンプガチャ」と呼ばれるものが景品表示法に違反すると消費者庁から指摘された業界は、急遽その廃止を決めたが、それ以外のソーシャルゲームが持つ中毒性（addictiveness）は変わらない。

私はかねてから、未成年の子供に持たせる携帯電話は、通話と短いテキストメール（SMS＝Short Message Service）以外は使えないようにしたほうがいいと信じてきたが、その報道を受けて、この確信はさらに深まった。インターネットで何か調べる必要があれば、自宅のパソコンか親のスマートフォンでも借りて、親の目が届くところでやればいい。分別のつかない子供が自由にインターネットに接続すれば、ろくな結果にならないことは目に見えている。

ソーシャルネットワーキングサービス（SNS）にも同様の危険がある。私はツイッター（Twitter）を使っているが、自己紹介欄に「受験生です」と書いてある中高生のアカウントをときどき見かける。私が親なら「受験生なら、そんなものをやっていないで勉強しろ！」と携帯電話を取り上げるに違いない。友達同士の情報交換ならメールで十分だし、勉強の合間の息抜きなら、外に出て身体を動かしたほうがよほどいい。世間の中高生の親御さんは、そう考えないのだろうか。

ソーシャル何とかの類とある種の宗教とのもうひとつの類似点は、世の中に出回り始めた当初はどこか怪しげなものと警戒されても、その「信者」の数がある程度増えてくると社会的に認知され、信者が新たな信者を勧誘して増やそうとすることだ。SNSの中には、ユーザーがうっかり操作を誤ると、そのパソコンに入っているメールアドレス宛に勝手に勧誘メールを出す仕組みになっているものがある。実際、本人が知らないうちに送信されたその種のメールが私のところにも来たことがある（なお、私が使っているツイッターそれ自体には、そのような機能はない）。私がツイッター以外のSNSを使う気になれないのは、そういう問題を見聞きしているからでもある。

仮想社会だのソーシャルネットワーキングという新奇な道具だのが登場すると、この国のマスメディアはこぞってもてはやす傾向があるが、もともと私企業が営利目的で企画運営しているこの種のサービスをやたらと喧伝するのはどうかと思う。もちろん、これらのサービスの公器としての性格や利点まで否定するつもりはないが、何であれ物事には正負の両面があることを忘れてはなるまい。

Buy online　ネットで買う

茶の間のエアコンが劣化してきたのか、暖房性能が衰えて電気ばかり食いそうなので、代用品として赤外線ヒーターを取り寄せた。使ってみると、老朽化したエアコンの生ぬるい温風よりはるかに心地よい。わが家の猫たちも、その前に陣取って満足げだ。

かつては店頭で実物を見て買わないと気が済まなかった私も、最近ではこの種の商品をネットで買う（buy online）ようになった。そのきっかけになったのは、近所の店に、あって当然と思っていた蛍光管の在庫がなく、取り寄せるにも値段が高いと思ったことだ。今では食料品や日用消耗品（daily supplies）を除いて、耐久消費財や生活用品の大半をネットで買っている。

インターネットを使えば、自宅にいながら必要な商品をピンポイントで選んで買える。よく利用する某社の通販サイトは、数ある同種の商品を比較して、これぞと思うものを手頃な価格で買えるところがいい。数千円、ときには数百円のものをひとつ注文しても、配達料は無料か、かかっても少額だ。これなら何もわざわざ時間と交通費をかけて、買いたいものが見つかるかどうかわからない店に足を運ぶことはない。在庫品があれば翌々日には宅配便で届くし、在庫がない場合も何日で届くかが画面に表示される。商品の梱包は至極単純で、開梱（unpack）の手間がほとんどかからないし、段ボール箱（carton）も簡単にたためる。ネットでありがちな大量の不要な宣伝メール（unsolicited commercial e-mail, UCE）を送りつけられることもない。

以前、ネットの口コミによる評判（word-of-mouth reputation）は当てにならないと思っていたが、必要なものを買おうと思ってインターネットで調べているうちに、その製品を実際に使っているユーザーの批評（user review）には的を射た評価も多いことに気づいた。中には、写真や動画を投稿して、製品の外観から操作手順まで懇切丁寧に説明している奇特な人もいる。このような先達の助言が、購入の決め手になることもある。

かつては個々の商品についてレビューサイトに何か書いたことはないと抜かしていた私も、気づいた点があれば投稿する方針に転換した。体験に基づく貴重な情報をタダでもらってばかりでは申し訳ないからだ。

もちろん、私のような貧乏人がひとりくらいネットショッピング派に転向したところで、実在店舗の経営者の方々はご心配には及ばない。世の中には、時間と予算をたっぷりとかけて、店頭で商品を手に取りながら買う（buy instore）のを好む裕福な消費者がたくさんいるのだから。

Tablet　タブレット

下手な川柳を詠んで公募に投稿したら、タブレット（tablet）が当たった。新手の製品にはなかなか手が出ない私は、家内には前から、「二人ともほとんどいつも家にいるのだから、あんなものは要らない。ノートパソコンを使えばいい」と言い張っていただけに、やたらとうれしそうな顔もできなかったが、使ってみたら、意外に使い出がある。

タブレットがあれば、パソコンの電源を落としたあとでも、寝転がりながらでもインターネットで調べものをしたり、電子メールをチェックしたり、ニュースを読んだり、映像を楽しんだりすることができる。昔読んだ本をふと読みたくなったら、本箱をごそごそと探し回らなくても、著作権が切れた古い作品なら無料で「青空文庫」からダウンロードして読める。実に便利だ。

スマートフォンを持っていない私は、タッチスクリーン（touchscreen）画面を搭載した装置を自分で持って使うのはこれが初めてだ。以前、ＩＴ関連の文書を翻訳したときに得た知識から、この種の装置は、画面を指でフリック（flick＝さっとはじく）、タップ（tap＝軽くたたく）、スワイプ（swipe＝押したまま滑らせる）、ピンチ（pinch＝つまむようにして広げる［pinch out］／狭める［pinch in］）して操作することは知っていたが、いざやってみると、慣れるまでに多少時間がかかった。

頂戴したタブレットは海外メーカーの製品だからだろうか、詳しい取扱説明書（User's Manual）がついていない。入っていたのは、各部の名称と機能、それに充電方法を記した薄っぺらな冊子だけで、操作方法を説明したものはない。製造元のウェブサイトを見たが、日本語はおろか英文の説明書さえ見つからなかった。ＩＴ機器に不慣れな高齢者なら、最初の設定や基本的な使い方を誰かに教えてもらえなければ、そこで戸惑いそうだ。

それでも、いじっているうちにだんだん使い方がわかってきた。最近のＩＴ製品は、少しは直感的に（intuitively）使えるように設計されているようだ。スマートフォンを使い慣れている若い人は、説明書なんかなくても、最初から操作できるのだろう。

結局は自分専用の玩具に終わると思われたタブレットは、家庭内のコミュニケーションにも役立つことに気づいた。辞書などの検索結果でも、写真や地図でも、タブレットの画面に表示して手渡せば簡単に見せられる。相手をいちいち画面の前に連れてこなくてもいい。画面を見るだけの用途ならパソコンより楽なので、家内にもどんどん使ってもらうことにした。

面倒なことといえば、しじゅう充電する必要がある機器がひとつ増えたくらいか。何にでも長短はある。

第4章

ことば

Japlish　和製英語

物書きをしていてこのところ煩わしく感じるのは、一見英語のように見えるカタカナ書きの造語、いわゆる和製英語の出現が跡を絶たないことだ。

私もいちおうプロの翻訳者なので、この国でしか通用しないカタカナ語をそのまま英語として使うことはない。とはいえ、日本語の会話や文章では、すでに定着しているカタカナ語を使うこともままある。だが、そのような言葉をうっかり使うと、「英語の翻訳者のくせに和製英語を使っている」などという誹りを受けそうで怖い。

英語と勘違いしそうになった最近の言葉に「パワーハラスメント」というのがある。上司が吐く暴言や威圧的な言葉による嫌がらせのことらしい。セクシャルハラスメント（セクハラ）のほうはsexual harassmentという正しい英語に由来しているので、それに引きずられて、こちらも英語なのかしらとつい思ってしまった。

このパワーハラスメントという言葉は、どこかの会社が話題作りのためにでっちあげた造語（coined word）を、マスコミが大きく取り上げたことから広まってしまったようだ。まったくもって迷惑な話だ。

もちろん、和製英語と呼ばれるカタカナ語がすべて悪いとは思わない。後述する「ウォークマン」のように、広く普及した製品の商標が自然に総称的な名称（generic name）に転化したものは仕方があるまい。

また、たとえばアウトソーシング（outsourcing）などの正しい英語に由来したカタカナ語は、日本語で言い換えるに越したことはないにしても、まだ許容できる範囲にある。問題は、前述のパワーハラスメントのように、カタカナで英語らしく見える言葉を勝手に造る会社や、何の注記もつけずにそれを広めてしまうマスコミの無責任な態度にありそうだ。

そういうカタカナ語を造りたいという気持ちも理解できないでもない。新しい社会現象や新たな概念を表すには当然、新しい言葉が必要だ。しかし、この種の安易なカタカナ語の氾濫が、美しい日本語を乱し、英語の誤用を招いてきた側面は否定できない。

国立国語研究所が外来語の日本語への転換を提唱しているようだが、それよりもまず、この種のニセ英語を駆逐せねばなるまい。

カタカナのニセ英語をこれ以上でっち上げないという社会的なルールを打ち立てない限り、その種の和製英語がもたらす言葉の混乱は、いつまでたっても終わらない。

Euphemism　婉曲な言い回し

新聞などで最近よく見かける「後方支援」という言葉は、英語でいうlogisticsのことだろう。

このlogisticsという言葉は、もともとは「兵站《へいたん》」という軍事用語で、作戦中の軍隊に物資を補給する業務や組織のことをいう。

もっとも今日では、この言葉は「(商品などの)総合物流管理」という意味で民間でも使われている。外務省で起きた詐欺事件で逮捕された元外務官僚は「ロジスティクス(後方支援業務)」の専門家だったと新聞に出ていた。つまり、logisticsという言葉の用途は、今や軍事分野に限られない。

とはいえ、輸送されるものが武器・弾薬であろうと、それとも食糧や医薬品であろうと、軍隊に物資を補給するという意味のlogisticsは、どこをどう解釈してみたところで軍事行動の一部には違いない。「兵站」を「後方支援」などと言い換えたからといって、英語にしたら結局同じことで、その言葉が表す概念が変わるわけでもない。

軍隊の保有や武力行使が憲法で禁止されているこの国では、こういった軍事用語の婉曲表現への言い換えは、今に始まったことではない。建前上は軍隊ではない自衛隊が軍艦（warship）を持つわけにもいかないから、海上自衛隊が保有しているのは「護衛艦」（escort ship）である。航空自衛隊は戦闘爆撃機（fighter bomber）を「支援戦闘機」と言い換えている。かつては戦車を「特車」と呼んでいたこともあったそうだ。

物騒な軍事用語をより刺激の少ない言葉に言い換えることは、必ずしも悪いこととは思わない。戦争はしないという国是を戦略・戦術や兵器の名称に反映させようとする姿勢は、むしろ大切かもしれない。

しかし、婉曲な言葉を使っているうちに、その言葉の定義や概念まですり替えられるようなことがあっては困る。この国の指導者に「後方支援だから軍事行動には該当しない」などという主張を真顔でやられたら、それこそ世界の笑い者になってしまう。

いやしくも言葉を大切にする政治家なら、言い換えられた言葉に振り回されるのではなく、きちんと定義された言葉を正しく解釈した上で、正々堂々と国策を論じてほしいものだ。

Collocation　コロケーション

私が学校で習った英語ではあまり強調された記憶がないが、言葉を書いたり訳したりするときに最も重要なポイントのひとつにコロケーション（collocation）がある。日本語の文法用語では「連語」というらしいが、コロケーションは広い意味で、「単語と単語の自然な結びつき」くらいに考えたほうがいい。

とかく英語が「文法的に正しいかどうか」を気にする日本人にとって、コロケーションは一種の鬼門かもしれない。三人称単数現在形の動詞には -sがつくといった単純な問題とは違って、ネイティブスピーカーの感覚でなければその適否を判断できないことが多いからだ。いや、そのネイティブスピーカーでさえも、いうことはおそらくまちまちだろう。

その例をひとつ探してみた。英語でa good chance（十分な機会）とはいうが、a high chance（高い機会）とはまずいわない。実際、手元の辞書にも前者しか出ていないし、私もずっとそう信じてきた。ところが改めてインターネットで検索してみると、a good chanceよりはるかに少ないものの、a high chanceの使用例が意外に多いことがわかった。もともとは誤用（misuse）だったのだろうが、これだけ使用実績があると、一概に間違った表現だとも決めつけにくい。

この問題は、日本語で考えてもわかる。チャンス（機会）は「多い」とか「少ない」といっても、「高い」とか「低い」とはいわない。ところが、これも検索してみると、「チャンスが高い」と書かれている例が散見される。おそらく、チャンスを「機会」ではなく「可能性」（英語ならprobability）の意味で使っているのだろう。私には不自然に思われる表現でも、人によっては許容範囲なのかもしれない。

しかし、だからといって、コロケーションをいっさい無視した言葉遣いをしてもいいということにはならない。10人中9人がおかしいと感じる表現を無遠慮に使うのは、道理に反する。圧倒的多数の人々が自然だと思う言葉遣いを尊重するのは、少数派の義務だろう。

紙の辞書しかなかった時代は、コロケーションを調べるのに限界があったが、今なら電子辞書とGoogleのような検索エンジンを併用することで、かなりのところまでわかるようになった。丁寧に調べるほど時間はかかるが、やってみるとおもしろい。

Negative words　否定的な言葉

その昔、この国の閣僚のひとりが「（消費者が）やかましい」などと発言して世間から批判を受けた。当の本人は、いちいち言葉尻をとらえてあれこれ言われたくないと思ったかもしれないが、結局は別の理由で辞任に追い込まれた。

ビジネスコミュニケーションの要諦のひとつは、否定的な意味の言葉（negative words）をできる限り使わないことだ。「できない」とか「無理だ」という後ろ向きな言葉ばかり並んだプレゼンテーションを聞かされた日には、誰でもうんざりしてしまうだろう。

前にもどこかに書いたが、たとえば「～しなければできない」（～, or I can't）という否定的な言い方ではなく、「～すればできる」（～, and I can）と肯定的な表現を使ったほうが、相手に与える印象は良くなる。私が仕事で翻訳している企業のプレスリリースでも、pleased（うれしい）やproud（誇りに思う）といった印象の良い言葉が溢れている一方、disappointed（失望した）とかsurprised（驚いた）のような暗い言葉はほとんど見かけない。

言葉を商売道具にしている政治家は当然、人並み以上の言語感覚を持ち合わせていそうなものだが、政界の感覚はビジネスの世界とは少し違うのだろうか。差別的な用語や侮蔑的な表現が人前でつい口に出てしまう政治家が跡を絶たないのも、そのせいかもしれない。

残念なことに、この国で大臣や重役になるくらいの年輩の方には、そのあたりの配慮ができない人がわりと多いようだ。その世代が育った時代は、今なら差別だとかセクハラだとされる発言も容認されていた。米国のようにコミュニケーションを重視した教育もたぶんほとんど受けていない。私自身、否定的な言葉を使わない訓練を学校などで受けた記憶がない。

そんなことを思っていたら、次の内閣の大臣が就任早々、いきなり失言を連発して1週間もたたないうちに辞職してしまった。失言というよりも完全に誤ったそのものの見方に、世間は唖然とした。政治家として信念を持って行動するのは結構だが、大臣としての職務を完全に逸脱した発言は、周囲に迷惑と無用な混乱を与えただけだった。

そういう私もまたずいぶん否定的なことを書いてしまった。政治の話になるとどうも否定的になってしまうのは、この世の常なのかもしれない。

Buzzword　バズワード

よく見かける英語でも、手元の少し古い辞書には出ていなかったり、自分の語感にそぐわなかったりすることがある。その多くは、特定の業界でしか使われないジャーゴン（jargon、専門語、仲間うちで使われる隠語・符丁）、またはバズワード（buzzword、専門語っぽい流行語）の類だ。

ジャーゴンは、一般的な言葉では表せないこともあれば、部外者が知らなくてもいい（または部外者にわからないようにする必要がある）こともある。仲間うちで使っている分には問題ない。昔はこの種の言葉の意味や訳語を探し出すのに苦労したが、最近では奇特な人々が作った用語集（glossary）をインターネットで検索できる場合もあって、かなりわかるようになった。

日本語に訳すときに少し困るのは、むしろバズワードのほうだ。翻訳者としては、誰にでもわかる一般的な日本語に訳したいが、さりとて、そのバズワードを知らないから違う言葉に訳したとも思われたくない。文章の書き手がバズワードと認識しながら、あえて使っている可能性もある。

たとえば、日本語でもカタカナ語にして使う人がいる「ウィンウィンの関係」(win-win relationship)なる言葉。多くの場合は単に「互恵（的な）関係」(mutually beneficial relationship)という意味で使われているようだ。それでも、前述の理由からとりあえず「ウィンウィンの関係」と訳しておくのが無難な線だ。

日本語でいう「流行語」や「専門語」にはそれほど悪い意味合いはないが、英語でbuzzwordというと、何かしら良くない響きがある。手元の辞書を引いてみると、「（素人を感心させるような）専門語」（『リーダーズ英和辞典』）、「（門外漢・素人にはったりをかませるための難解そうに聞こえる）専門用語」（『ビジネス技術実用英語大辞典』海野文男・海野和子共編）などとある。

まだ目新しい英語や外来語であれば感心されても、誰かがそれをバズワードだといい始めたころから、手垢がついた言葉として侮られる。

とはいえ、流行語の中には一般的な言葉として定着するものもある。何でも一緒くたにバズワードと決めつけて片付けてしまうわけにもいかないところが、また厄介だ。

Generic name　総称、一般名

最近は身の回りにある電子装置がやたらと増えたせいか、それとも寄る年波のせいか、それらを何と呼べばいいのかわからないことがよくある。

携帯電話（mobile phoneまたはcell phone）はまだいい。カメラがついていようと、テレビが見られようと、ＧＰＳで位置を検出できようと、「携帯電話」または「ケータイ」といえば通じる。

それでは、私の手元にもあるマッチ箱くらいの大きさの小さな音楽プレーヤーは、何と呼べばいいのか。私はこれまで、少し言いにくいと思いながらも「ＭＰ３プレーヤー」とか「メモリオーディオ」と呼んできた。

ところが今日、ＭＰ３以外の形式の音楽ファイルも再生できる機種や、半導体メモリではなく大容量のハードディスクを使った機種が主流を占める市場では、それらの製品を総称して「デジタルオーディオプレーヤー」（digital audio player）または「デジタルミュージック（音楽）プレーヤー」（digital music player）と呼ぶらしい。さらに最近では、内蔵された小型の液晶画面で映像も見られる製品が増えており、それも含めると「デジタル

メディアプレーヤー」(digital media player)という呼び方になるそうだ。どうやら、私のように流行に疎い人間がしばらく買わないうちに、余計な機能がやたらと増えるだけでなく、製品の呼び方まで変わってしまうようだ。もっとも、どれも言いにくいことに変わりはない。

昔のステレオカセットプレーヤーは、ソニーの商標である「ウォークマン」(Walkman)が代名詞的存在(synonym＝同義語)だった。この種の製品を表す一般的な名称(generic name＝総称)に「ヘッドフォンステレオ」があるが、「ウォークマン」ほどは使われていない。

デジタル音楽プレーヤーの商標では、アップルのiPodが最も高い知名度を誇っているが、かつての「ウォークマン」のように他社製の同種の製品もことごとくそう呼ぶことには、人によっては違和感があるようだ。このような製品カテゴリーに限った話ではないが、もっと消費者が呼びやすい一般名を考え出すくらいのリーダーシップが、大手メーカーや業界にあってもよさそうな気がする。

Patriotism　愛国心

『カサブランカ』（Casablanca）という古いアメリカ映画は何度も見ているのに、テレビで放送しているとついまた見てしまう。見ようによっては何ということはないラブロマンスなのだが、名曲「時の過ぎ行くままに」（原題：As Time Goes By）やハンフリー・ボガートが演じる主人公リックの「君の瞳に乾杯」（Here's looking at you, kid.）という有名なセリフもあって、制作後半世紀以上を経てもなお語られる不朽の名作となった。

この映画が成功した要因のひとつは、当時のフランスの対独協力政権であったヴィシー政府支配下のカサブランカに舞台を置いたことだろう。ドイツ軍将校が我が物顔に闊歩《かっぽ》するその街で、自由フランスによるレジスタンス（抵抗運動）を示唆する場面を随所に盛り込みながら、ドラマはあの有名なラストシーンに向かって盛り上がっていく。

この名作で実に良い味を出している脇役が、フランス人警察署長のルノー（クロード・レインズ）だ。当初はドイツ軍にすり寄っていた彼も結局、リックとともにレジスタンス側に与する。自分の保身よりも自由な祖国を愛する気持ちが勝ったのだろうか。そのルノー署長は最後に臆面もなくこう言う。「リック、君はセンチメンタリストだけでなく、愛国者にもなったのだな」（Rick, you're not only a sentimentalist, but you've become a patriot."）

その愛国者（patriot）とか愛国心（patriotism）という言葉はかつて、戦後教育を受けて育った私にはいまひとつ馴染みの薄い言葉だった。ともすれば特殊な政治信念やそれを持つ人々を指す言葉とさえ感じていた。だがその後、このような古い映画を見たり小説を読んだりしているうちに、これらの言葉に対する私の受け止め方は徐々に変わっていった。愛国心は、家族愛や宗教心などと同様に、人間にとって普遍的な心情である。「愛国心」という言葉に抵抗を感じるなら、「祖国愛」と言い換えてもいいだろう。

過剰な愛国心は、偏狭なナショナリズムを生む土壌になりかねない。だからといって、愛国心そのものを否定するのは間違っている。祖国の独立と安全、国民の自由な暮らしを守ろうとする強い意志と気概を持たない国は、外国からの不当な圧力や干渉、ひいては侵略を招くおそれがあるからだ。

隣国政府の最近の不穏な言動を見ているうちに、私も少しは愛国者になってきたようだ。

Opportunist　日和見主義者

本稿を書くにあたって改めて手元の辞書を引いてみたら、日和見《ひよりみ》主義者（opportunist）を意味するVicar of Brayという英語が出てきた。16世紀、イングランドのブレイ（Bray）村の牧師（vicar）が、王室の信仰に合わせて何度も宗旨替えして保身した故事に由来するという（海野文男・和子共編『ビジネス技術実用英語大辞典V5』ほか）。洋の東西を問わず、風向きに合わせて要領よく立ち回れる人は昔からいるものだ。

この国でも昔から洞ヶ峠だの風見鶏だのと揶揄されてきたように、日和見主義的な政治家は蔑まれやすい。所属政党が野党に転落するや、自ら新党を立ち上げるならまだしも、新与党に与した日にはなおさらだ。かつて野党から突然与党に寝返ったために、インターネットで批判の集中砲火を浴びてあえなく落選した参議院議員がいた。

政治家が所属政党を替えること自体は、必ずしも悪いこととは思わない。政党は時代に合わせて変化し、離合集散を繰り返すダイナミックな組織であっていい。自分の考えと合わなくなった政党にしがみつくよりも、時代と情勢の変化に合わせて柔軟に行動できる政治家のほうが、むしろ頼りがいはあるかもしれない。

しかし、所属政党の看板を掲げて当選した以上、その政党を去るだけでなく、政策も理念もまったく異なるかつての政敵と行動をともにする場合は、その行動について説明する責任（accountability）があると思う。それを怠った政治家は、保身または野望のための変節と世間から見られても致し方あるまい。

仮に十分な釈明の機会をマスメディアから与えられなかったとしても、今日ならブログやツイッター、動画投稿サイトなどを使って、ほとんどコストをかけずに自ら情報を発信することができる。自らの行動が変節ではなく、正しい信念に基づくものなら、支持者もそうでない有権者もそう納得できるように、十分に意を尽くして説明してほしい。

一方、党内に優秀な人材を擁していると自負している与党が、あえて野党議員を一本釣りする形で入閣させるという不可解な内閣改造を行う理由も、私には納得できない。選挙で与野党の選択を迫られた有権者の多くも同じ思いだろう。どうせなら、もっと大局的な見地から政界再編を図るべきではないか…とこの国の政党に期待するのは、やはり無理だろうか。

Equivalent ～相当

イラクに派遣された陸上自衛隊に関するニュースをテレビで見ていたら、現地に派遣された日本人のレポーターがかなり上気しながら「この装甲車は頑丈そうです」と伝えていた。

それを聞いていた私は少し呆れた。「装甲車」なのだから、頑丈なのは言わずもがなだ。このもの言いは、「この戦車には大砲がついています」とか「この機関銃からは弾丸が続けて出てきます」と言うのと同じくらい間が抜けている。わざわざ遠い海外にまで出張して伝える価値はない。

これに対し、海外のマスメディアやそのニュースソースの表現は一般に、もっと具体的だ。その頃モスクワで発生した地下鉄爆破事件の報道では、その爆発力を「ＴＮＴ火薬にして約5キログラム相当」（equivalent to about 5kg of TNT）と伝えていた。たぶんロシア当局の発表の中にそういう表現があったのだろう。さすがに、つい何年か前までは内戦さながらの戦場を抱えていた国のニュースだと妙に感心した。

とは書いてみたものの、日ごろTNT（trinitrotoluene）火薬の爆発など見たこともない私のように平和な国に生きる平均的日本人には、それで何キログラムに相当すると言われても、どれほど大きな爆発力なのか見当もつかない。興奮したレポーターがひたすら「ものすごい爆発です！」とわめき散らすよりはまだマシかもしれないが、もう少しわかりやすい喩えはないものだろうか。そもそも、テレビや新聞の報道記者自身は、よく理解した上で使っているのだろうか。

これと同じことは、容積を喩えるのによく使われる「東京ドーム○杯分」という、あの陳腐な言い方にもいえる。東京ドームをじかに見たことのない人にはさっぱり実感がわかない。巨大な施設だということくらいは想像できたとしても、たとえばそれで30杯分と言われたところで、東京ドームをたまに見かける私でもピンと来ない。

最初に言及した装甲車に関する報道なら、せめて「現地の反米勢力が使っている自動小銃では傷さえつかない。RPG（ロケット推進擲弾）が命中しても乗員が死傷することはない」といった伝え方ができないものか。

もちろん、兵器の実際の性能は軍事機密に属するので、明かせない情報もあるだろう。だが、より具体的な表現で伝えることで、自衛隊員の家族や友人の心配も少しは軽減されると思う。

Diploma　卒業証書、免状

この国の大学生は3年生にもなると、就職活動のことが頭から離れないようだ。ツイッターなどで大学生のプロフィールや書き込みを見ると、「就活」「シューカツ」といった、私は使わない日本語がやたらと目につく。

私が大学生だった1980年代の半ばは就職協定なるものがあって、私が就職のことを考え出したのは4年生になってからだった。何かにつけてのんびり屋の私は、やりたい仕事も希望業種もなかなか絞り切れず、ゼミやサークルのOBに会って話を聞きながら、お見合いのように業界や会社との相性を少しずつ見極めていった。

就職活動に有利になるという思惑もあって、私は大学3年生の秋に英検1級を取得した。それがどれほど就職の役に立ったかはわからないが、英語を実用目的に使えることをいちいち説明しなくてもよかったのは助かった。英語で自己紹介くらいはできるように準備しておいたが、結局、面接相手から挑まれたことは一度もなかった。もっとも、当時の就職戦線は今ほど厳しくなかったのかもしれない。

会社に入って実際に仕事をしてみると、現場では社内独特の用語やら我流の英語やらが飛び交っていて、英語の資格と仕事の能力はあまり関係ないことがよくわかった。

これも英検1級の恩恵だろうか、私の場合は夜間の通訳養成講座に社費で通わせてもらい、そこで村松増美先生を始めとする同時通訳の泰斗の薫陶を受けた。その経験は私にとって一生の財産になった。

英文秘書のような仕事をしていたとき、海外の大学から卒業証書（diploma）の取得を勧めるダイレクトメールをやたらと見かけた。隣に座っていた米国人の課長に聞いたところ、米国にはこの類の大学があって、お金を払えば簡単に卒業証書をくれるのだとか。世界にはいろいろな商売があるものだと妙に感心した。

学位だけでなく、何とか賞を贈呈するので来訪されたい、といった内容の手紙もよく見たが、どうやらその類もあちらこちらに送りつけられているらしい。紳士録（Who's Who）に掲載されている経営者には、実に様々な郵便物が送られてくる。

あれから四半世紀を経た今日、この国には次々と新たな検定試験が出現している。お墨付きをやたらとありがたがる風潮の所為だろうか。

資格を取るために一生懸命勉強するのは良いことだと思う。だが、何事も行き過ぎは禁物だ。高い潜在能力を持つ学生や社会人のエネルギーが免状の取得にばかり割かれると、社会全体の活力が失われていくのではないかとちょっと心配になる。

Critic　批評家

少しは人の目に触れるものを書くようになって改めて気づいたが、英語のcritic（批評家）は否定的な意味合い（negative connotation）が強いようだ。たとえば、他人のあら探しを好む人を揶揄する文脈で使われることが多い。

念のためインターネットでいくつか用例を検索してみたが、はたしてその通りだった。ついでにパソコンに入れてある引用句辞典にcriticと入れて引いてみたら、"Asking a working writer what he thinks about critics is like asking a lamp-post how it feels about dogs."（「批評家をどう思うかと現役の作家に尋ねるのは、犬のことをどう感じているかと電柱に聞くようなものだ」―クリストファー・ハンプトン、英国の作家）といった文句が出ていた。

批評を仕事としている人を指す言葉としては、criticではなくreviewer（レビュアー、書評家、評論記者）またはanalyst（アナリスト、解説者）あたりを使うのが無難な線だ。

インターネットが普及した今日、思ったことをブログや掲示板ですぐに発表することができるようになったせいか、批評家を気取る人が増えているらしい。もちろん、批評すること自体は大いに結構だ。物書きの文章や人前で発言する機会の多い公人の言葉が衆目にさらされ、批評の対象となるのも仕方がない。

だが、それにしても、明らかに了見も狭く見識に欠ける手合いに片言隻語を捉えられ、まるで全読者や全国民を代表しているかのごとき態度で糾弾された上に、自分の人格までことごとく否定されたのでは、矢面に立たされるほうはたまったものではない。

草廬にあって細々と物を書いて暮らしている私は幸い、世間の指弾を浴びるようなことはない。しかし、社会に対する重責を担う政財界の指導者やオピニオンリーダーは、何か事あるたびに、マスコミだけでなく、インターネットを情報伝達手段とする無数の自称批評家からも集中砲火を浴びる。その心労は察するにあまりある。

記者会見での質問をテレビなどで聞くと、中にはずいぶん失礼な言葉を口にする記者もいるようだ。あまりにも口の利き方を知らない相手には、「あなたは記者なの、それとも批評家なの?」と切り返してやるくらいでちょうどいいのかもしれない。

Animation　アニメーション

英語をそのまま音訳してカタカナ語に、逆にカタカナ語を英語に翻訳するのは、簡単なようで実は難しい。文脈によっては、原語の意味するものとは微妙に、あるいはかなり違うものを指していることがあるからだ。

英語のanimationは、日本語では「アニメーション」とも、それを短くして「アニメ」ともいう。実際、手元の国語辞典で「アニメ」を引くと、単に「アニメーションの略語」と書いてあるし、この両者がまったく同じ意味で使われることが多いのは確かだ。私も最近まで、両者を同義語として扱ってきた。

一方、「アニメ」という日本語が逆輸出されてanimeという横文字が海外で使われるようになって久しい。しかし、そのanimeは、私のような1960年代~70年代前半にテレビを見て育った世代が見ていたものとはまるで違う、最近の日本製アニメを指すことが多い。その意味で使われているanimeを単に「アニメ」と訳すと、アニメーション、つまり広義のアニメとは意味のずれを生じる。

そのことは、Googleの画像検索でアニメ（anime）とアニメーション（animation）の検索結果を比較すればよくわかる。アニメまたはanimeと入れて検索した結果表示される画像の多くは、私にはなじみがない、しかもどれも似たような、目の大きな少女の絵である。この種のアニメは、外国で制作されるアニメーションとも、私の世代がかつて見ていた『サザエさん』『ゲゲゲの鬼太郎』などのテレビアニメとも異なるものだ。

最近は政治家まで「日本が誇るアニメ」などと口にするようになったが、ここに述べたようなアニメーションと狭義のアニメの違いがどれほど理解されているか、少し疑問に思うことがある。前述の日本製アニメが外国の一部の若者に受けているとしても、それがこの国を代表する文化、ましてこの国の経済の将来を担うべき一大産業として発展し続けるとはとうてい思えない。若者のサブカルチャー的な趣味の世界に政治家やら評論家やらが知った顔をして口を挟んだところで、ろくなことはなさそうだ。

話がそれた。翻訳者としての私は結局、誤解を避けるために、英語のanimationは「アニメ」ではなく必ず「アニメーション」と訳すことにしている。逆に、日本語の「アニメ」を英訳するときは、それが狭義の日本製アニメを指しているなら、animeとした上で、Japanese animationなどとカッコ書きで併記しておく。なお、かつてはこの意味で

Japanimation（ジャパニメーション）という造語が使われていたこともあったそうだが、最近はそれほど使わないようだ。

Maybe　ひょっとしたら

何年以内にどこそこで大地震が起こる確率は何％だという地震研究所の発表を伝えるニュースを聞くたびに、私は「ああ、またか」とため息をついてしまう。それが単に確率論に基づいたものに過ぎず、70％というどちらともつかない数字なら、なおのことだ。私の目から見れば、そんなものは素人の勘や占いの類と大差ない。

いわゆる東海大地震は「いつ起きても不思議ではない」と言われ続けて、かれこれ30年は経つだろう。そう言い続けていれば、いつかは地震が来るに違いない。地震の予測とは、そもそもそういったものかもしれない。当たれば当たったで、それ見たことかと言えるし、たとえ外れても、寛容で淡白な日本人は何とも思わない。もっともその間にも、阪神・淡路、中越、そして東北太平洋岸と、学者がほとんど警告していなかった地域で大地震が発生した。

そんなことを考えているうちに思い出したが、特に私の世代より上の日本人が誤解しやすい英語のひとつにmaybeがある。これをprobablyと同じ意味だと思い込んでいる人がいる。実は、手元にある古い英和辞典を引くと、maybeにもprobablyにも「たぶん、おそらく」としか出ていない。だが多くの場合、probablyのほうは、何らかの根拠があって「おそらく（そうだろう）」という意味だ。英英辞典を引くとvery likely（可能性が高い）とある。一方maybeのほうは、「ひょっとしたら（そうかもしれないし、そうでないかもしれない）」という曖昧な意味で使われることが多い。こちらはperhapsの同義語ではあっても、probablyとは書いていない。相手からprobablyという返事をもらったら当てにしてもいいが、maybeならそれほど当てにならないと考えたほうがいい。

ひょっとしたら（maybe）、日本人の中には、このような違いを意識しないで言葉を使っている人がけっこういるのではないだろうか。ことによると、昔の英和辞典や言語教育にもその責任の一端がありそうだ。

私に言わせれば、少なくとも現在の地震の発生確率とやらはmaybeの域を出ていない。つまり、前にもあったから今度もあるかもしれない程度の話に過ぎない。それは、どれくらいのエネルギーがどこそこの深さ何キロメートルの地底に蓄積されているから、何年何月から何月にかけて震度いくつの地震が起きるという具体的な予測とは程遠いものだ。とどのつまり、首都直下型地震とやらも、一種の想定に過ぎない。政府や報道機関も、そのあたりをきちんと説明してもらわないと、そうでなくても地震の恐怖に慄《おのの》いている人々の不安をいたずらに大きくするだけではないかと案じている。

Proofreading / Editing　校正／校閲

翻訳を生業《なりわい》としている私にたまに寄せられる依頼のひとつに「ネイティブチェック」（例によってこれも和製カタカナ語だ）がある。この言葉は一般に、自分で書いた外国語の文章を母国語とする外国人（ネイティブスピーカー）に校正（proofreading）してもらう、という意味で使っている人が多い。純日本育ちの私は、十分に通じる英語を書けると自負してはいるものの、英語のネイティブスピーカーではない。だから、私自身はこの種の依頼を承ることができない。

文法上の誤り（grammatical error）だけ直してほしいと注文をつけてくる人もいるが、そこには大きな落とし穴がある。その英語を書いた当の本人は、誤字脱字（typo）を訂正し、日本語でいえばさしずめ「てにをは」程度の文法的な間違いを直してもらえばそれで済む（だから安い料金で引き受けてもらって当然だ）と思っているふしがある。しかし、実際には、そこに書いてある英文がほとんど意味を成さない、つまり、ネイティブスピーカーが読んでも、何をいわんとしているかさっぱり理解できない場合も少なくない。となると、これはもはや校正（proofreading）をかければ済むような簡単な問題ではなく、大幅な推敲／校閲（editing）、場合によっては全面的に書き直す（rewriting）必要がある。この種の依頼を安請け合いできない理由のひとつはここにある。

今日では、Googleのような検索エンジンを使えば、世界中の膨大な量の英文ウェブサイトから目的の言葉を瞬時に検索できるので、ある英語表現が実際に使われているものかどうかは、それをそのまま検索エンジンに放り込むことによって、わりと簡単に調べることができる。実際によく使われている（つまり英語として通用している）表現であれば、少なくとも数百から数千件の検索結果が表示されるはずだ。手元の古い辞書には出ていない言葉もよく見つかる。そのおかげで、私程度の英語使いでも、検索する手間暇さえ惜しまなければ、十分に通じる英語を書くことができる。

ところが、世の中には、その手間暇を惜しむ人もいる。先日、ツイッターを見ていたら、某政治家個人のブログの英訳がひどすぎるという投稿を見かけた。私も読んでみたが、大学受験生でも犯さないような間違いがいくつかあって、うんざりしてしまった。

国際語としての英語は何もネイティブスピーカーだけのものではないから、些細な誤りにこだわることなく、通じるように書けばいいと私は思う。しかし、この国を代表する立場にある人なら、話はまた別だ。高校生の英作文より下手な英語で、意図も論旨も不明確な情報を世界に向けて垂れ流すのはご遠慮願いたい。

Plural　複数形

日本語の名詞を英語に翻訳するときによく気になるのが、それが単数（singular）か複数（plural）かという問題だ。前後の文脈から推測できる場合はそうするが、それができない場合は、当たり障りのないように訳しておくか、注記をつけるようにしている。

現代の日本語の名詞には、単複の厳密な使い分けはほとんどない。よく引かれる例に「子供」（子ども）がある。子供の「ども」はもともと複数形を表す接尾語だったようだが、今日では、子供が1人いる（have a child）場合も、2人いる（have two children）場合もつねに「子供」と言い、英語のように名詞が変化することはない。あえて複数であることを強調する場合に「子供たち」と言う人もいるが、必ずしも「たち」はいらない。

英語にもsheep（羊）、fish（魚）のように単複同形の名詞がいくつかある。言語学者でない私はその理由を知らないが、これらは常時多数いるのが当然だから、あえて単複を言い分ける必要がなかったのかもしれない。

適当に複数形にすると、差し障りがある言葉もある。たとえば、God（神）がそうだ。キリスト教のような一神教の人々がいう（大文字G-で始まる）Godは当然、複数形にはしない。（小文字g-で始まる）godsなら、多神教を崇拝する（異教徒の）「神々」の意味にはなるが、わが国の八百万《やおよろず》の神のような神々についてはそれを避けてdeities（deityの複数形）と言い換える向きもある。いずれにせよ、宗教に疎い私のような日本人は、慎重を期すに越したことはない。

ＮＨＫ教育テレビで面白い海外ドキュメンタリー番組を見た（注）。それによると、南米のある部族が使う言語には、単数・複数の区別どころか、数を表す言葉（数詞）がないという。ということは、商取引はもとより、私有財産も存在しないのだろう。子供が何人いるかも数えられないと困るのではないか—と思いながら見ていたら、それぞれの顔と名前が識別できるから、何も不便はないのだそうだ。

その部族の言葉には、過去形や未来形のような時制（tense）もない。その部族の人々にとっては、いま生きている現在しかない。たぶん昨日を悔やむこともなければ、明日に不安を感じることもないだろう。まるでわが家の猫どものようだ。実にうらやましい。

残念なことに、最近はその部族のところにも政府の役人が「保護」しにやってきて、村に電気を引いたりテレビをつけたりしているそうだ。現代文明に接した村人には、私有の概念や物欲が生じるかもしれない。これまで念頭にはなかった過去や未来のことも気になってくるだろう。こういった人々まで、数や時制をいちいち気にするような文明に同化させるのは、いかがなものかと思う。

（注）『地球ドラマチック』「ピダハン　謎の言語を操るアマゾンの民」

第5章

先達の思い出

Yes and No　イエス・アンド・ノー

「やぶさかではない」は通じたのか―同時通訳者として有名な村松増美先生（故人）の著書『とっておきの英語』（毎日新聞社）には、その昔、ある米国の企業家からの提案に対して井《い》深《ぶか》大《まさる》氏（ソニー創業者・故人）がこう答えたとき、若き日の村松先生がそれをどう英訳したかというエピソードが紹介されている（118～9頁）。そのずっと後に、サイマルアカデミーで末席を汚しながら先生の薫陶を受け、ソニーで井深氏の「英語屋」として仕えた私には、特に興味深い話のひとつである。

　村松先生がそれをどう訳したかについてはその本に譲るとして、私の目から見た井深氏は、日本人としてはイエス、ノーをはっきり言うほうだった。そうでなければ、ソニーを興し数々の製品を世に送るというあの偉業はなかったに違いない。もちろん、各方面から毎日のように出される質問や提案の中には、その時点では何とも言えないものとか、本当にどちらでもかまわないものも少なくなかっただろう。「やぶさかではない」というのも、そういった状況での返事ではないかと思う。

　よく日本人はイエス、ノーをはっきり言わないと評される。しかし、外国人にしても、あらゆる問題に対してすぐにイエスとかノーと言えるわけではない。即断即答できないことが、必ずしも悪いことではない。

ただし、日本人の場合（特に英語では）、質問に対して沈黙してしまう人や、「前向きに検討します」とか「この場では回答しかねます」などと言っては、そのままお茶を濁してしまう人が多い。つまり、提起された問題に対してどういう考えを持っているのか、なかなか見えてこない。議論を通して物事を決めるプロセスそのものを重視する米国人の目から見ると、古いタイプの日本人のこういう態度が煮え切らないのではないか。

英語にはYes and No.（イエスともノーとも言える）という返事の仕方がある。裏を返せば、イエスともノーとも答えていないのと同じだが、とりあえずこう返事をした後で、イエス、ノーの両論に基づいてその理由を言ってみせる。「どちらでもない」と黙ってしまうのではなく、「どちらとも言える。というのは…」と自分の考えを具体的に示すところに、相手とのコミュニケーションを積極的に図ろうとする踏み込んだ態度が見えてくる。

Walkman® ウォークマン®

ウォークマン（Walkman）は一般的な名称になっていて、ソニーの独占的な商標権は認められないという判決をオーストリアの最高裁判所が出したという。

たしかに、もともと英語としては意味を成さないこの商標（trademark）が、巷間では長い間、この種の商品の総称（generic name）のように使われてきた。

私は産業翻訳者という仕事柄、商標のような固有名詞を使うことには、多少神経質である。ウォークマンがどうのこうのという日本語を英語にする場合は、「Walkmanはソニーの商標だし、この文脈では普通名詞として使われているから、やはりa headphone stereo playerと言い換えるべきか」などと、つい余計なことまで考えてしまう。しかし、たぶん英語でa headphone stereo playerと言うよりも、Walkmanのほうがずっとよく通じるに違いない。

会社名や商標などの固有名詞が転化して普通名詞のように使われている例は、そう珍しくない。そのひとつに「ホ（ッ）チキス」がある。発明者である米国のホッチキス（Benjamin B. Hotchkiss）なる人物に由来した名前らしい。もっともこの道具、発祥地の米国では

staplerと呼ばれている。

ソニーが1979年に世界で初めて発売したウォークマンは、付属のヘッドフォンで高音質のステレオ音楽が屋外でも楽しめるというのが売りだったが、当時のテープレコーダーの常識に反して、録音機能もなければスピーカーもついていなかった。録音（record）できない以上、レコーダーとは呼べないこの新しい商品に新しい呼称が必要だったのも、当然といえば当然だ。

その後、元祖ウォークマンが圧倒的な市場シェアを維持しながら爆発的に普及するにつれて、この商品名が世界市場を席巻していった。最初はソニー社内でさえ異論があったといわれるWalkmanという造語が、ついに海外の権威ある辞書に収録されたとき、ソニーの社内報はそのニュースを誇らしげに報じていたものだ。ところが、その判決では、この名称が現地のドイツ語の辞書にも出ているほど日常的な用語になったことが、かえって裏目に出たらしい。

あまりにも有名になりすぎたウォークマンという日本発祥の英語名が、生みの親の手を離れて、世界各地をひとり歩きしているようだ。

Noblesse oblige　ノブレス・オブリージュ

私が故・井深大氏（ソニー創業者）の「英語屋」をしていた当時、教育について一言あった氏は、よく欧米からの来客に対して「親孝行という言葉は、西洋にはありません」と言っていた。

「親孝行」を和英辞典で引くとfilial dutyという訳語が出ている。しかし、儒教の影響を色濃く受けたかつての日本人が持っていた一種の義務としての「親孝行」と欧米人の親に対する気遣いとは、必ずしも同じ考え方ではない。

義務（duty）という意味の言葉はどの言語にもあるだろうが、その受け止め方や行動のあり方は、民族性や個人の意識によって微妙に異なる。

英語には、noblesse obligeというフランス語からの借用語がある。辞書を引くと、「高い身分に伴う義務」とある。日本語にもこれを一語で表す適当な語がないので、「ノブレス・オブリージュ」というカタカナ語が使われる。

その歴史的な背景はよく知らないが、かつての欧州では貴族階級が地位や特権を受ける代わりに、国家や社会に対して高貴な者としての義務を果たすべきだという考え方があったらしい。欧州の王室の子弟がよく軍隊に入ったりボランティア活動をしたりするのも、そのような意識の現れだろう。

生命の危険を賭して軍役を果たした指導者の言には重みがある。かつての合衆国大統領ジョン・Ｆ・ケネディは頭も育ちも良かったが、それだけでなく、第二次世界大戦で自分が艇長を務めていた魚雷艇が日本軍に撃沈されながら部下とともに生還した軍歴が輝いていた。

そのように、自分自身がnoblesse obligeを果たし、身をもって戦争の怖さを体験した指導者であればこそ、特に和戦の瀬戸際に際しては、その決断にも重みが増すに違いない。

一方、自分自身は社会に対する義務を巧みに回避しながら、ひたすら特権のみを享受している指導者の決定は、そういった重みに欠ける。特に、若い人たちを戦地に赴かせるという話になるとなおさらだ。

自分たちの子弟には安楽な暮らしをさせ、または地盤をつがせて議員にしようとする一方で、「選挙で安定多数を取ったから有権者に認められた」などと軽々しく口にしながら他人を危険な場所に送り込むような指導者に人心はついてこない。

Hands-on education　体験型教育

"We think too much and feel too little."（我々は考えるばかりで、感じることがあまりにも少ない）　―チャールズ・チャップリン、映画『独裁者』（The Great Dictator）より―

もうふた昔ほども前のことだが、ソニーの創業者で名誉会長（当時）の故・井深大氏のカバン持ちを務めていた私は、氏に随行して米国サンフランシスコにあるエクスプロラトリアム（Exploratorium）という児童向けの科学博物館を訪れたことがあった。

もともと発明好きな技術者で、かねてから幼児教育の問題にも熱心に取り組んでいた井深氏は、その博物館の体験型展示品（hands-on exhibits）にたいそう感心して帰国。その後、その展示品を日本全国に持ち回って紹介するプロジェクトが開花した（注）。

その巡回展示は、この国の教育界に少なからず影響を与えたようだ。私が初めてhands-on（手で触れて体験できる）という言葉の意味を知ったのはその頃だったが、インターネットで改めて検索してみると、国内外を問わずhands-on museum（体験型博物館）とかhands-on education（体験型教育）という言葉が無数に出てくる。おもしろい科学実験をして子どもたちを楽しませる米村でんじろう先生のような方もテレビで見かけるし、子供たちに実社会の疑似体験をさせるテーマパークもできている。

この国の将来を担う世代の教育を考えるとき、このhands-on（ハンズオン＝体験型の、実践型の）がひとつのキーワードになりそうだ。

残念なことに、この国の政治家が最近よく口にする教育論は、彼ら自身が受けてきた知識偏重教育の弊害であろうか、理念ばかりが空回りしているように見える。英語教育の早期導入と国語教育の充実が相反するかのように単純に決めつけたり、愛国心という抽象的な概念ばかり振りかざしたりしているさまを見聞きするにつけて、この国の教育行政の前途が憂えてならない。

そういう方々には、ぜひとも諸外国の教育を実地に見学してきていただきたい。米国だけでなく、欧州の先進諸国でどのような取り組みがなされているのか。将来の国のリーダーとなるべき人こそ、hands-on experience（実体験）を通して教育制度を考えてみてほしい。

（注）拙著『英語屋さん』（集英社新書）84～86頁参照

Assistant　補佐役

翻訳の仕事で悩ましい問題のひとつに肩書の訳し方がある。たとえば、米国系企業のVice Presidentがそうだ。多くの場合は部長級、事業部長とか支店長クラスの役職なので、うっかり「副社長」とは訳せない。仕方がないからカタカナで「バイスプレジデント」と書いておくしかない。

かつてソニーに勤めていた私は、10年足らずで退職したので社内の肩書は「係長」止まりだったが、井深大名誉会長（当時）専属の「英語屋」を務めていた期間はAssistant to Masaru Ibukaと称していた。秘書のような仕事もしていたが、秘書室には所属していなかったので、秘書（secretary）とはいわなかった。もともと肩書にはほとんどこだわらない社風の会社だったし、私自身も、階級よりも職能を表すこのような呼び方のほうが好きだった。

そういえば、米国の大統領補佐官はAssistant to the Presidentという。もちろん、あちらでは中央省庁の長官（Secretary）に並ぶ要職だ。カタカナで「アシスタント」と書くとただの助手みたいに聞こえるが、「補佐官」とか「補佐役」といえば、それなりの重みがあるように見える。

そう書きながら日本の内閣官房のウェブサイトを調べて初めて気づいたが、この国の首相補佐官の英文名称はSpecial Advisor to the Prime Ministerとなっている。あえて米国の大統領補佐官と同じAssistantを使っていない理由は知らないが、special advisorでは何だか「特別顧問」みたいだ（もっとも、実際にその程度の仕事なのかもしれない）。一方、首相秘書官のほうはExecutive Secretary to the Prime Ministerと訳されていて、こちらのほうが偉そうに見えなくもない。

Assistantに限らずどのような肩書でもそうだが、実際の責任や権限は組織によって異なる。ただ、一般的には、人事権や予算権を伴わない仕事は、組織の中では軽んじられやすい。某内閣は多数の補佐官を置いたにもかかわらず、ろくに機能しないうちに政権そのものが短命に終わってしまった。もとより、米国のような大統領制とは違って、議院内閣制の下では、首相補佐官という仕事そのものが不要なのかもしれない。

もっともらしい肩書の仕事を作れば、それだけで組織がうまく機能するわけではないようだ。

Founder　創業者

拙ブログ「なるほど！訳語発見〜英語翻訳の現場から」にあれこれ書いているうちに、ひとつおもしろいことに気づいた。英語の役職名の和訳や、逆に日本語の役職名の英訳を検索して私のブログを見に来る人がけっこう多いのだ。

会社の主だった役職名は、そこらの辞書にも出ていることは出ている。しかし、翻訳していて疑問を感じることがある。たとえば、日本の会社の専務とか常務[取締役]を辞書で引くと、Managing Director、またはその前にExecutiveやSeniorをつけた訳語が出ている。だが、英国系の企業でいうManaging Directorは、日本では代表取締役（社長）に相当する会社のトップを指す。どうにも紛らわしい。

外国企業にはよくExecutive Vice President（EVP）やSenior Vice President（SVP）という肩書があって、前者が日本の副社長または専務、後者が専務または常務クラスに相当するようだが、同じ役職とは限らない（ちなみにＥＶＰの直訳は「執行副社長」、ＳＶＰは「上席副社長」または「上級副社長」）。

最近は日本でも、経営と執行を分離して最高経営責任者（ＣＥＯ）を執行部門のトップとする米国流の企業統治を導入している会社があるが、それならそれで役職名もすべて米国流に統一しまったほうが、海外では通りがいいかもしれない。

そういえば、かつて私が近くで仕えていたソニーの井深大氏（故人）が取締役を退任する際に、その役職名が「取締役名誉会長」から「ファウンダー名誉会長」（Founder and Honorary Chairman）に変わった。ご本人は別に何とも思っていなかったようだが、その当時の私は、もともと会社の創業者だった井深さんに今さら「ファウンダー（創業者）」もないだろう、と怪訝《けげん》に思った。しかし、いま翻訳者として米国の新興企業のプレスリリースを日本語に訳していると、創業経営者をFounder and CEO（創業者でＣＥＯ）と呼んでいる例をよく見かける。英語圏ではわりと好まれる呼び方なのかもしれない。

考えてみたら、国によって会社制度が違うのだから、役職名が異なるのも当然だ。この国独特の肩書を使う場合は、無理に英語に訳すのではなく、何かひと工夫したほうがいいと思う。

Keynote speech　基調講演

数年前、ひさしぶりに講演の機会をいただいた。依頼主は高知県の中学校と高等学校の英語の先生方。例年開催している英語教育研究大会の基調講演（keynote speech）を私に頼みたいという。

しかし、私のような教育の門外漢がそのような大会の基調講演を務めるのは、かなり分不相応に思えた。私は率直にそう申し上げ、少し考えさせてほしいと遠慮がちに返答した。すると、事務局の先生から折り返しメールが来て、仕事で英語を使った私個人の体験でも話してもらえばいいという。さらに、金曜日は仕事で出られない私の都合に合わせて、日程を調整して土曜日にするという。それほど熱心に誘われては、無下に断れない。謹んで講演を引き受けた。

真夏の暑い日の午後だったにもかかわらず、講演会場に集まった先生方は、私の拙い話に熱心に耳を傾けてくださった。学校の先生方を相手に英語教育について論ずるのも釈迦に説法だと思った私は、著書『英語屋さん』に書いた数々のエピソードを中心に、日本国内の学校や仕事の現場で英語を学び、仕事に使ってきた自分の経験だけをとつとつと語った。

話の締め括りに、その年のＮＨＫ大河ドラマ『龍馬伝』から、世界とわたりあえる国づくりを目指す坂本龍馬らが海軍操練所で懸命に英語を勉強している場面を引き合いに出した。そして、私がかつて仕えた井深大、盛田昭夫両氏の姿をそれに重ね合わせ、戦前の英語教育しか受けていないこの二人の創業者が英語を使いこなせたのは、優れた製品を世界の市場に届けたいという高い志があったからではないか、とひとこと付け加えた。

事務局の先生からあとで聞いたところでは、英語教育に関わっていない私のような素人を研究大会の講師に招いたのは、今回が初めてだという。やる気が起こらない生徒にどのように動機づけを与えたらよいかと悩む先生方は、現場育ちの私の体験談が何かの参考になるかもしれないと考えたようだ。私が講師に招かれたのは、学力低下といった問題にとどまらず、今日の日本の社会を取り巻く閉塞感に対する先生方の危機感の表れなのかもしれない。

翌日、高知市桂浜に高くそびえ立つ坂本龍馬像の威容と太平洋の壮大な景観をしばし堪能した私は、その昔、龍馬が抱いた志に思いを馳せながら高知を後にした。

Plagiarism　剽窃《ひょうせつ》、パクリ

他人の文章やアイデアを無断で使う剽窃《ひょうせつ》（盗用、plagiarism）は、洋の東西を問わず今に始まったことではないが、インターネットが普及するにつれてその範囲が広がっているらしい。最近では、学校の課題の答案や研究論文のテキストを比較して盗用・盗作を突き止める剽窃検知（plagiarism detection）用のソフトウェアやサービスまで実用化されているという。

「洋の東西を問わず」と書いたが、残念ながら、これは特に東アジアに顕著に見られる悪弊ではないかと思う。最近の報道によると、経済成長が著しい近隣の某国では、外国の商品やキャラクターを模倣したり、日本の地名を勝手に商標登録したりしているそうだ。もっとも、俗に「パクリ」と呼ばれるこの種の行為は昔の日本でもよくあったし、今でもありそうだ。

他人に盗用されるほどのアイデアをそれほど持ち合わせていない私でさえ、辛酸をなめさせられたことがある。１９９６年にインターネットを使い始めた私は、同業の翻訳者を専門分野別・言語別に探して電子メールで直接依頼できる「翻訳横丁」という手製のホー

ムページを開設した。ところが、その後すぐに、同業者がそれと似た構成のリストを作ってインターネットで公開した。また、別の翻訳会社は、翻訳横丁に掲載された翻訳者の経歴をそっくりコピーして、自社の外注先のひとりとしてホームページで紹介した。契約した覚えのない翻訳会社が勝手に自分の経歴を転載しているという苦情が当の本人から寄せられたので、パクられたことは間違いない。

こういったパクリは、たとえ違法ではないとしても、人間同士の信頼関係や社会的信用を大きく損なう。そのことは、前述の近隣某国の例を見ればよくわかる。商標権などの知的財産権（intellectual property）を保護するその国の法律に照らせば合法だといってみたところで、国際的な基準で見て非常識な行為を繰り返せば、その国は所詮その程度だと蔑視されよう。とはいえ、法的または道義的に非難すべきパクリかどうかの線引きは、実際にはそう容易ではない。

ソニーがウォークマン（ヘッドフォンステレオ）を初めて世に出したとき、売れる商品だと気づいた同業他社が続々と類似品を発売した。中には名前までよく似た製品もあった。しかし、小型化したことと商標を別にすれば、それに使われているカセットプレーヤーの技術自体はそう目新しいものではなかった。一方、各社の製品が出揃ったことで、店頭に専用の販売コーナーが設けられ、市場が活性化した。

ちなみに、ソニーの創業者である故・井深大氏の信条のひとつは「人の真似をしない」であった。

Presentation　プレゼンテーション

深夜にたまたまテレビをつけたら、海外の優れたプレゼンテーション（presentation）に倣うという趣旨の教育（?）番組を放送していた。テレビで紹介するだけあって、雄弁な話し手（eloquent speaker）にそのときは少し感心したが、翌朝、目が覚めてふと疑問に思ったことがある。

カジュアルな服装で颯爽《さっそう》とステージに立ち、時には片手をポケットに入れ、また時にはおおげさに両手を振り回す米国人のあのスタイルは、日本人に向いているだろうか。少なくとも、私のように短足でメガネをかけてどことなく落ち着きのない昔ながらの日本人があれを真似しても、せいぜい下手な漫談家、悪くすると動物園で観客にエサをねだっている猿のようにしか見えないだろう。

また、その番組で見たスピーカーは、時間制限でもあったのだろうか、話のテンポが一本調子だった。うまい落語のような、心地の良いちょっとした間《ま》がない。聴衆（audience）に受けそうな映像素材やジョークを交えて笑いを取っても、聞き手の心に訴えかけるものが今ひとつ感じられない。

もっとも、これはこの国でテレビを通して見ている私の目にそう映っただけで、あのようなスタイルやテンポが、会場にいる英語圏の人々には受けがいいのかもしれない。そのあたりは、残念ながら海外で育っていない私には感覚的にわからない。

私に言えるのはただ、私程度のスピーカーが、やはり私のような聴衆を相手に話す場合、あのようなスタイルを真似してみたところで、必ずしもうまくいくとは限らないということだ。

それにつけて思い出すのは、ソニーの共同創業者（co-founder）である故・盛田昭夫氏の見事な話しぶりだ。氏も私と同様に英語圏で育った人ではなかったが、その講演（speech）はつねに人々の耳目を集めた。話の内容もさることながら、氏が壇上に立つだけで、会場の雰囲気がさっと変わった。もちろん、専属のスタッフとともに周到に練り上げた原稿は用意されていたが、氏の情熱溢れる語り口には、原稿を読んでいるとは思わせないところがあった。

おそらく、盛田氏には言いたいことがたくさんあって、けっして人真似ではなく自分流の自然体で話したからこそ、多くの人が耳を傾けるようなスピーチができたのだろう。スタイルや話の内容は違うが、その点に関しては私が仕えた故・井深大氏も同じだ。

話し手の雰囲気に合わない服装や身振り手振りで、どこかから借りてきたようなネタを話す人よりも、ごく普通の背広姿で、自分の主張したいことを切々と訴えた先人に学ぶのが、プレゼンテーション上達の第一歩ではないかと思う。

上梓にあたって

市井のしがない翻訳者で物書きを自称する私・浦出善文（以下「筆者」）が二〇〇〇年に初の著書『英語屋さん──ソニー創業者・井深大に仕えた四年半』（集英社新書）を上梓したとき、それをわがことのように喜んでくださった方のひとりが、同時通訳の泰斗として世に知られた故・村松増美先生だった。先生はその昔、自ら経営し教壇に立たれたサイマルアカデミーの通訳者養成コースの劣等生であった筆者が下手な社内通訳としての体験談を本にして世に伝えたことを、大いにほめてくださった。

そのようなご縁で、筆者はその翌年から、村松先生のご紹介で『財界』誌に「英楽通法」というコラムを連載することになった。折々の世相や社会を読み解く上で役に立ちそうな英語のキーワードを交えながら、好き勝手な私見を述べてきた。その連載コラムから特に残しておきたいものを同編集部と筆者で精選して刊行したのが本書だ。

筆者は著名な評論家でもなければ、生業《なりわい》としている翻訳以外はこれといった分野の達人でもない。そのような浅学菲才の徒がよくも、豪華な執筆陣を揃えた『財界』のような高級誌（quality magazine）に連載を続けられたものだとつくづく思う。だが、たとえ村松先生の足下にも及ばなくとも、コミュニケーションに関わる仕事の現場を知る者の視点からの拙い見識を披歴することによって世間様に幾許《いくばく》かの貢献ができたのではないかと多少は自負している。

『英語屋さん』が版を重ねに重ねて累計で十八万部以上も出てちょっとしたベストセラー扱いを受けたおかげもあって、筆者はこれまで何冊かの著書、訳書を世に送る機会に恵まれた。これは世の常だろうか、その多くは書店の店頭に出ては泡沫のごとく消えた。だが今でも、拙著を読んだ方々からの読後感や激励をメールでお寄せいただき、あるいはブログなどで拝見すると、自分の体験や発想を本という形あるものにしてよかったと思うことがある。

本書もいずれ消えゆく運命だろうが、本書をたまたま手にされた愛書家の皆様には、本書との邂逅《かいこう》によって、ひとつふたつでもお役に立ちそうな知識や着想が得られるところがあれば、筆者として幸いこの上ない。

末筆になったが、本書の元となったコラム「英楽通法」連載のきっかけをくださった村松先生、巧みで洒脱なイラストで「英楽通法」と本書に彩りを添えてくださった広本英児《こうもとえいじ》氏、ならびに長年にわたってその連載をお許しいただいた上に、このたび本書を刊行する機会を与えてくださった『財界』誌の村田博文主幹および編集部の皆様に深甚なる感謝を表したい。本とは筆者のみならず、これら関係者ひとりひとりの創意と努力によって初めて形を成すものだから。

実家の母、義母、家内、それとうちの猫たちにはいずれも断りなく、あれこれ好き勝手なことを書いてしまったことを詫びるとともに感謝したい。私の連載を病床で楽しみに読んでいた義母は昨秋、永眠した。たぶんあちらで本書の上梓を喜んでくれているだろう。

二〇一四年六月

筆　者

【著者紹介】

浦出 善文（うらで よしふみ）

翻訳者・文筆家。1961年北海道生まれ。84年早稲田大学政治経済学部政治学科卒業、ソニー株式会社入社。同社の創業者である井深大名誉会長専属の「英語屋（通訳兼カバン持ち）」を4年半にわたって務めたほか、物流、海外向け広告宣伝、英会話教材の企画制作、国内・海外営業等の業務を経験。93年に退社し、フリーランスの産業翻訳者「翻訳小僧」として独立。
実用英語技能検定1級、商業英語検定試験Aクラス、ほんやく検定1級（英和）に合格。
著書に『英語屋さん―ソニー創業者・井深大に仕えた四年半』『英語屋さんの虎ノ巻』『不惑の楽々英語術』（集英社新書）、『C級さらりーまんビジネス英会話講座』（まんが:山科けいすけ、小学館）、『国際業務のABC』（学習研究社）、訳書に『情報センスを磨く時』（モーリーン・マランチュク著、ダイヤモンド社）、『バーダマン教授の辞書には出ていないアメリカ英語フレーズBOOK』（明日香出版社）がある。2001年から『財界』誌にコラム「英楽通法」を連載中。

英語で夢を見る楽しみ

2014年6月28日　第1版第1刷発行

著　者　浦出善文
イラスト　広本英児

発行者　村田博文
発行所　株式会社財界研究所
［住所］〒100-0014　東京都千代田区永田町2-14-3東急不動産赤坂ビル11階
［電話］03-3581-6771
［ファックス］03-3581-6777
［URL］http://www.zaikai.jp/

印刷・製本　図書印刷株式会社

ISBN 978-4-87932-100-8
定価はカバーに印刷してあります。